Elisabeth-M. Giudice

Co-Branding

Elisabeth-M. Giudice

Co-Branding

Starke Marke sucht Partner

Tectum Verlag

Anmerkung der Autorin

Die im Praxisteil genannten Unternehmen wurden von Elisabeth-M. Giudice branchenspezifisch ausgewählt.
Es wurden ausschließlich öffentliche Quellen als Informationsgrundlage zu diesen Unternehmen verwendet.
Weitergehende Annahmen hierzu wurden allein von der Autorin getroffen.
Es ist ihr nicht bekannt, welche Rolle Co-Branding als Marketingstrategie für die bewerteten Unternehmen spielt.

Elisabeth-M. Giudice

Co-Branding
Starke Marke sucht Partner

ISBN: 978-3-8288-2615-1

Idee und Entwurf des Covers: Elisabeth-M. Giudice

Besuchen Sie uns im Internet
www.tectum-verlag.de

Bibliografische Informationen der Deutschen Nationalbibliothek
Die Deutsche Nationalbibliothek verzeichnet diese Publikation in der Deutschen Nationalbibliografie; detaillierte bibliografische Angaben sind im Internet über http://dnb.ddb.de abrufbar.

Gewidmet meinen Eltern für ihr liebevolles Engagement.

*Ein besonderer Dank gilt meiner Mutter
für unsere Gespräche, ihren Einsatz und Humor,
womit sie meine Idee zu diesem Buch unterstützte.*

Inhaltsverzeichnis

Abbildungsverzeichnis

Tabellenverzeichnis

Verzeichnis der Praxisgespräche

1 Einleitung

1.1 Problemstellung

Die Erfolgsfaktoren im 21. Jahrhundert sind „Menschen und Marken statt Maschinen“.[1] Marken haben für Unternehmen einen hohen ökonomischen Wert. Die Bedeutung der Marke und der Markenpolitik hat in der Vergangenheit stark zugenommen. Wurden 1994 in den Medien 49.000 Marken genannt, so waren es 2001 schon 65.000 Marken.[2] In den Aufbau und die Führung von Marken investierten deutsche Unternehmen im Jahr 2002 circa 30 Milliarden Euro.[3] Erkennbar ist der Bedeutungszuwachs der Unternehmensmarke an den erhöhten Investitionen sowie der vermehrten Publikation des Markenwertes in Geschäftsberichten als auch in der zunehmenden Veröffentlichung der „Top-Marken“.[4]

Rang	Marke	Mrd. US $
1.	Coca-Cola	65,32
2.	Microsoft	58,71
3.	IBM	57,09
4.	GE	51,57
5.	NOKIA Connecting People	33,70
6.	TOYOTA	32,07
7.	intel	30,95
8.	M	29,39
9.	Disney	29,21
10.		23,57

Abbildung 1: Markenwert

Quelle: Entnommen aus Esch 2008, S.5

---

1 Zu diesem Ergebnis kommt eine Podiumsdiskussion von Top-Managern in Davos. Vgl. Esch 2008, S.4

2 Vgl. Bruhn 2001, S.9

3 Vgl. Burmann, Meffert, Koers 2005, S.4f

4 Vgl. Esch 2008, S.5

Der Aufbau starker Marken mit einem hohen Bekanntheitsgrad und unverwechselbarem Markenimage ist das Ziel der Markenpolitik.[5] Die veränderten Rahmenbedingungen stellen die Markenartikelhersteller vor neue Herausforderungen. Hierzu zählen die wachsende Internationalisierung der Märkte, die verkürzten Produktlebenszyklen sowie eine steigende Zahl der Produkte und Marken.[6] Ein erhöhtes Flop-Risiko bei Neuprodukteinführung führt dazu, dass Unternehmen nach Alternativen suchen, um dieses Risiko zu reduzieren.[7] Verbraucher sind angesichts der Vielzahl irritiert und sehen keinen Unterschied zwischen den einzelnen Marken.[8] Die „wahrgenommene Markengleichheit" beträgt beispielsweise bei dem Produktbereich Kaffee 65% bei Cola sogar 72%.[9]

Das zunehmende Wissen der Konsumenten über die Produzenten von Handelsmarken und eine steigende Qualität führt vermehrt zu einem Zuwachs der Handelsmarken.[10] Die steigende Konzentration im Handel bedingt eine Machtverschiebung zugunsten des Handels und erhöht den Druck auf die Marke.[11] Die geänderten Rahmenbedingungen führen dazu, dass es für Unternehmen immer wichtiger wird, eine wertorientierte Markenpolitik zu betreiben, um so langfristig am Markt zu bestehen. Dazu gehört auch die Auswahl der geeigneten Markenstrategie, die dazu beiträgt, den Wert der Marke und damit den Wert des gesamten Unternehmens zu steigern.

Für Unternehmen ist Co-Branding eine interessante markenstrategische Alternative zu Neumarken oder traditioneller Markener-

---

5 Vgl. Scharnowski 2006, S.1

6 Vgl. Gaiser, Trittler 2005, S.449ff

7 Die Flopquote liegt zwischen 80% und 95% bei Neuprodukten. Vgl. Esch, Wicke 2001, S.7

8 Vgl. Esch 2008, S.34ff

9 Vgl. Gaiser, Trittler 2005, S.450

10 Vgl. Gaiser, Trittler 2005, S.450. Dies zeigt auch das Ergebnis der aktuellen „Nielson Shopper Trend Studie" aus dem Jahre 2009. So gaben 83% der befragten Konsumenten an, dass „die Qualität der Eigenmarken so gut sei wie die führender Industriemarken". Zu einem ähnlichen Ergebnis kommt auch Stiftung Warentest. Allerdings kann keine Allgemeingültigkeit für alle Produktgruppen getroffen werden. Vgl. o.V., EUROFORUM-Jahrestagung 2009, http://www.innovations-report.de/html/berichte/veranstaltungen/viele_handelsmarken_ziehen_marken_gleich_138205.html

11 Vgl. Esch 2008, S.46ff und vgl. Gaiser, Trittler 2005, S.450

weiterung.[12] Es ist eine gute Möglichkeit sich im härter werdenden Wettbewerb zu positionieren und die Marke mit Werten aufzuladen.[13] Diese Markenstrategie gewinnt für den deutschen Konsumgütermarkt in den letzten Jahren an Bedeutung.[14] Dies zeigen die Ergebnisse einer Unternehmensbefragung,[15] bei der Co-Branding als einzige Strategie am meisten an Bedeutung gewinnen wird. Aktuelle Beispiele (Langnese Cremissimo und Milka oder Ritter Sport und Baileys oder Ritter Sport und Smarties) zeigen die Umsetzung in der Praxis. Obige Ausführungen verdeutlichen die aktuelle Bedeutung des Themas.

1.2 Ziel des Buches

Ziel ist es, neben einer ausführlichen Erklärung der Theorie zu Markenführung und Co-Branding diese auf die Praxis anzuwenden. Hierfür wird für ein Unternehmen ein mehrstufiger Co-Brand-Leitfaden entwickelt, der zeigt, wie es Co-Branding zielführend anwenden kann.

1.3 Aufbau

Das Buch ist in sechs Kapitel gegliedert.

Nach der Einleitung in Kapitel eins beschreibt Kapitel zwei die Grundlagen der Markenpolitik. Hierbei wird der Begriff der Marke vorgestellt und definiert, sowie die Funktionen für Hersteller, Konsumenten und den Handel beschrieben. Zu dem Kapitel gehört weiterhin die Markenführung mit einer Erklärung der Ziele und Aufgaben sowie der Grundbegriffe Markenwert, Markenimage und Branding. Ausgewählte Markenstrategien werden erläutert, wobei der Schwerpunkt auf der Markentransferstrategie mit ihren Formen Line-Extension und Brand-Extension liegt. Anschließend werden Erfolgsfaktoren sowie Vor- und Nachteile der Transferstrategie erörtert.

Das dritte Kapitel befasst sich ausführlich mit der Markenstrategiealternative Co-Branding. Es beginnt mit der aktuellen Ausgangssituation. Anschließend wird Co-Branding von anderen Begriffen abge-

---

12 Vgl. Scharnowski 2006, S.2

13 Vgl. Gaiser, Trittler 2005, S.446

14 Vgl. Scharnowski 2006, S.2

15 Vgl. Baumgarth 2004, S.178ff. Das Ergebnis der Befragung wird in Kapitel drei vorgestellt.

grenzt. Es werden unterschiedliche Definitionen vorgestellt und eine Arbeitsdefinition herausgearbeitet. Daran anschließend werden die Ziele erläutert und unterschiedliche Ausprägungsformen genannt. Die allgemeinen Erfolgsfaktoren aus unterschiedlicher Sichtweise (Hersteller, Handel, Kunde) sowie Chancen und Risiken des Co-Branding werden ausführlich erläutert. Es schließen sich Vorschläge zur Umsetzung und Erfolgskontrolle an. Den abschließenden Teil des Kapitels bildet eine allgemeine Beurteilung des Co-Branding.

Im vierten Kapitel wird ein Unternehmen in einem anonymisierten Unternehmensportrait vorgestellt. Das Kapitel endet mit einem Zwischenfazit.

Aufbauend auf den theoretischen Überlegungen wird in Kapitel fünf ein praxisnaher, unternehmensspezifischer Co-Brand-Leitfaden für das ausgewählte Unternehmen entwickelt. Die Ablaufschritte des Leitfadens werden einleitend in einer Abbildung veranschaulicht. Das Kapitel beginnt mit der Zielformulierung. Anschließend wird das mögliche Geschäftsfeld im Unternehmen ausgesucht und Anforderungskriterien an einen Co-Brand-Partner definiert. Hieran schließt sich die Suche nach einem geeigneten Kooperationsfeld am Markt an. Es eignet sich das Segment „Feine Backwaren". In einer Vorauswahl werden mögliche Hersteller feiner Backwaren (Bäckereien oder Gebäckhersteller) anhand des vorab definierten Anforderungsprofils überprüft. Danach werden ausgewählte Hersteller anhand eines Scoringmodells bewertet. Hierfür wird zunächst ein Scoringmodell entwickelt, welches Grundlage für die Bewertung ist. Im Anschluss daran werden die Ergebnisse vorgestellt. Zuletzt wird eine Handlungsempfehlung für das Unternehmen gegeben. Das sechste Kapitel fasst im Fazit die wesentlichen Aussagen zusammen.

2 Grundlagen der Markenpolitik

Die Markenpolitik als zentrales Element des Marketing gewinnt in letzter Zeit immer mehr an Bedeutung in der marktorientierten Unternehmensführung. Sie erstreckt sich auf „den Aufbau und die Pflege von Produkten als Markenartikel".[16] Wurden 1994 circa 49000 Markenprodukte beworben, so waren es 65000 im Jahr 2001. Die Tendenz ist steigend. Die Markenpolitik unterliegt dem Wandel der Zeit und zeichnet sich durch verschiedene Entwicklungen aus. Unternehmen müssen ihre Marke an veränderte Rahmenbedingungen anpassen. Hierzu gehören „herstellerbezogene, handelsgerichtete und marktbezogene Entwicklung", sowie Veränderungen im Konsumentenverhalten. Die Unternehmen stehen vor der Herausforderung neue Produkte einzuführen. Hierbei steigen die Kosten für Forschung und Entwicklung bei kürzeren Produktlebenszyklen. Gleichzeitig bestehen Veränderungen im Handel wie Konzentrationsprozesse, die Einführung von Handelsmarken und eine zusätzlich steigende Zahl der Discounter. Auch das Verhalten der Konsumenten hat sich geändert. Sie stellen höhere Ansprüche an die Produktqualität. Ferner gibt es Trendbegriffe wie den „hybriden Käufer"[17] und den „Smart-Shopper".[18] Das Markenbewusstsein der Konsumenten nimmt zu, gleichzeitig sinkt aber die Markenloyalität. Hieraus erwachsen neue Anforderungen an die Unternehmen und ihre Marken, um langfristig erfolgreich zu sein. Eine zunehmende Informationsüberlastung der Verbraucher, die auch durch die neuen Medien entstanden ist, erschwert die Kommunikation der Marke und somit den Markenaufbau. Die oben beschriebenen Rahmenbedingungen stellen Unternehmen vor neue Herausforderungen in der Markenpolitik.

2.1 Begriff der Marke

Marken gab es schon in der Antike. Hier haben die Hersteller ihre Produkte mit Markenzeichen versehen, um damit einen Qualitätsan-

---

16 Vgl. Geml, Geisbüsch, Lauer 1999, S.262f

17 Der hybride Käufer verfügt über ein preisbewusstes Einkaufen des Standardbedarfs bei gleichzeitig höchsten Qualitätsansprüchen bei Prestigeobjekten. Vgl. Bruhn 2001, S.14ff

18 Smart-Shopper sind Käufer, die Marken zu günstigsten Preisen einkaufen wollen. Ihre Mentalität lautet: „Geld sparen = clever". Vgl. Esch 2008, S.39

spruch zu zeigen.[19] Das Wort Marke leitet sich vom mittelhochdeutschen „marc“ (Grenzlinie zur Unterscheidung) und dem „französischen Kaufmannswort marque (auf einer Ware angebrachtes Zeichen)“ ab.[20]

In der Literatur wird der Begriff Marke nicht einheitlich definiert.[21] Die Begriffsvielfalt resultiert aus den verschiedenen Forschungsrichtungen des Themas und der verschiedenen Sichtweise in der Praxis.[22] In den 60-er Jahren des vorigen Jahrhunderts wurde die Marke „merkmalsbezogen“ definiert. Hierbei wurde ein Katalog mit typischen Eigenschaften für die Marke erstellt, die es zu erfüllen galt.[23] Nach *Mellerowicz*, der die Markendefinition prägte, ist eine Marke ein „physisches Kennzeichen für die Herkunft eines Markenartikels“.[24] Diese merkmalsbezogene Definition ist heute nicht mehr aktuell. Heutzutage können Dienstleistungen, Vorprodukte oder Namen und Ideen von Personen Marken sein.[25] So unterscheidet *Bruhn* sieben verschiedene Erklärungsansätze von Marken.[26] Eine allgemeine Definition lautet: „Eine Marke ist eine Ware oder Dienstleistung mit eigener Kennzeichnung sowie gleichbleibender Qualität oder Leistung (...)“.[27]

Meffert berücksichtigt in seiner Definition die nachfrageorientierte Sichtweise. Hierbei wird die Marke als ein „in der Psyche des Konsumenten verankertes, unverwechselbares Vorstellungsbild von einem Produkt oder einer Dienstleistung“ beschrieben.[28] Sie gibt dem Nach-

---

19 Vgl. Sattler, Völckner 2007, S.25 und vgl. Esch 2008, S.1ff

20 Vgl. Bruhn 2001, S.14ff. Die Ausführungen beziehen sich auf diese Literaturstelle.

21 Die Begriffsvielfalt resultiert aus den unterschiedlichen Forschungsrichtungen des Themas. Vgl. Bruhn 2001, S.14ff

22 Ebenda und vgl. Burmann, Meffert, Koers 2005, S.5f

23 Vgl. Esch 2008, S.17

24 Ebenda und vgl. Bruhn 2001, S.15

25 Vgl. Esch 2008, S.17. Zum veränderten Markenverständnis im Laufe der Zeit vgl. Burmann, Meffert 2005a, S.20ff

26 Die Ansätze sind: Merkmalsorientierter Ansatz, Intensitätsbezogener Ansatz, Herkunftsstrukturierter Ansatz, Instrumentaler Ansatz, Absatzsystemorientierter Ansatz, Erfolgsorientierter Ansatz, Wirkungsbezogener Ansatz. Vgl. Bruhn 2001, S.14ff

27 Vgl. Geml, Geisbüsch, Lauer 1999, S.262f

28 Vgl. Meffert, Twardawa, Wildner 2001, S.2

frager Orientierungshilfe und Sicherheit beim Kauf.[29] Diese Definition wird in dem vorliegenden Buch zugrunde gelegt.

Es gibt viele Erscheinungsformen der Marke. In der vorliegenden Ausführung wird die Herstellermarke zugrunde gelegt.[30]

2.2 Funktionen der Marke

Unternehmen haben mit starken Marken vielfältige Chancen. Sie sind ein „zentraler immaterieller Wertschöpfer im Unternehmen“[31] und verhelfen zum Aufbau eines unverwechselbaren Firmenimages. Sie ermöglichen eine Differenzierung gegenüber Wettbewerbern und sind Markteintrittsbarrieren für die Konkurrenz. Mit ihnen kann eine höhere Markenbindung und Markenloyalität erreicht werden, die so zu höheren Umsätzen führen kann. Starke Marken bieten eine gute Basis für Wachstum und Markendehnung sowie für Lizenzgeschäfte. Dies führt wiederum zu monetären Vorteilen. Es können leichter neue Zielgruppen oder neue Märkte erschlossen werden. Eine starke Marke schützt das Unternehmen vor dem Angriff einer Handelsmarke. Schwache Herstellermarken werden von Handelsmarken verdrängt. Hiervon sind besonders die Zweit- oder Drittmarken betroffen.[32]

Auf Dauer ist nur der Marktführer eine starke Konkurrenz für die Handelsmarken. Für den Kunden können starke Marken eine Orientierungshilfe beim Einkauf sein. Sie mindern das Risiko eines Fehlkaufs, weil eine gute Qualität zugesichert wird. Marken werden von Kunden vielfach auch dann bevorzugt, wenn die Produkte ansonsten vergleichbar sind. Dies zeigen die Ergebnisse von Blindtests im Vergleich zu offenen Tests.[33] Bei der Blindverkostung bevorzugten 51% die Marke Pepsi, 44% bevorzugten Coca-Cola. Pepsi-Cola gewann den Geschmackstest. Im „offenen Test“ entschieden sich nur noch 23% der Konsumenten für Pepsi-Cola. Die Marke Coca-Cola wurde jetzt von

---

29 Das Konzept des identitätsorientierten Markenmanagements geht über diese „einseitige Ausrichtung auf die Wahrnehmung der Marke beim Nachfrager (Markenimage) hinaus“. Diese „Outside-In-Perspektive“ wird um die „Inside-Out-Perspektive“, d.h. die interne Zielgruppe ergänzt. Vgl. Burmann, Meffert, Koers 2005, S.7f

30 Vgl. Dichtl 1992, S.9ff

31 Die Ausführungen beziehen sich auf Esch 2008, S.5ff und S.22ff. Vgl. auch Bruhn 2001, S.35f und Huber 2005, S.12

32 Vgl. Kaapke 2005, S.143ff

33 Vgl. Esch 2008, S.10. Das Ergebnis ist im Anhang dargestellt.

65% der Testpersonen bevorzugt. Dies zeigt den Erfolg einer Marke. Marken haben eine Identifikationsfunktion bis hin zur Prestigefunktion.

Für den Handel bieten starke Herstellermarken eine gute Rendite. Sie mindern das Absatzrisiko und führen zu einer Kostenersparnis durch einen schnellen Produktumschlag.[34]

Eine abschließende Gegenüberstellung der Vorteile starker Herstellermarken zeigt die nachfolgende Tabelle.

Herstellersicht	Handelssicht	Konsumentensicht
- Planungs- und Verkaufshilfe - Absatzförderungsfunktion - Kundenbindung - Profilierungsfunktion gegenüber der Konkurrenz - Innovationsfunktion - Aufbau eines Firmenimages - Verhandlungsposition für Hersteller-Handel-Beziehung - Psychologischer Zusatznutzen	- Minderung des Absatzrisikos durch Selbstverkäuflichkeit der Herstellermarken - Renditefunktion - Verminderte Beanspruchung eigener Marketinginstrumente - Kostenersparnis durch schnellen Produktumschlag	- Orientierungshilfe beim Einkauf - Informations- und Identifikationsfunktion - Qualitätssicherungsfunktion - Minderung des Risikos einer Fehlentscheidung - Prestigefunktion

Tabelle 1: Funktionen des Markenartikels aus Hersteller-, Handels- und Konsumentensicht

Quelle: Eigene Darstellung in Anlehnung an Bruhn 2001, S.35 und vgl. Burmann, Meffert, Koers 2005, S.10ff

34 Vgl. Bruhn 2001, S.35

2.3 Markenführung

Markenführung ist ein Konzept, mit dem Unternehmen ihren Markterfolg und damit den Unternehmenswert langfristig steigern können.[35] Die Ansätze zur Markenführung veränderten sich passend zur geänderten Begriffsauffassung der Marke.[36] (Vgl. hierzu die Ausführungen bei: Begriff der Marke.)

2.3.1. Ziele und Aufgaben

Aus den Funktionen der Marke lassen sich die Ziele der Markenführung ableiten. Das zentrale Ziel ist es, den „Aufbau, die Erhaltung oder die Steigerung des Markenwertes" zu garantieren, um so langfristig den gesamten Unternehmenserfolg zu sichern.[37] Hierbei lassen sich die Ziele nach verhaltenswissenschaftlichen, ökonomischen Zielen und dem Globalziel des Unternehmens unterscheiden, die sich gegenseitig beeinflussen.[38]

Nach *Bruhn* sind folgende absatzpolitische Ziele von Bedeutung:[39]

- Schaffung von Präferenzen beim Konsumenten durch Vermittlung eines Zusatznutzens
- Aufbau von Markentreue und Kundenbindung
- Schaffung von Markenbekanntheit und Aufbau eines unverwechselbaren Markenimages
- Gewinnung eines preispolitischen Spielraums
- Machbarkeit einer differenzierten Marktbearbeitung
- Verbesserung der Verhandlungsposition gegenüber dem Handel

Die Wahrnehmung der Marke aus Sicht der Nachfrager oder sonstiger Zielgruppen ist eine entscheidende Einflussgröße auf den Markenwert.

---

35 Vgl. Herbst 2005, S.12f. Markenführung wird als systematischer Managementprozess verstanden. Daher wird auch von Markenmanagement gesprochen anstelle von Markenführung. Vgl. Herbst 2005, S.12f

36 Passend zu den unterschiedlichen Begriffsauffassungen existieren unterschiedliche Ansätze der Markenführung. Vgl. Burmann, Meffert 2005a, S.22ff

37 Vgl. Naderer 2005, S.159 und vgl. Esch, Wicke 2001, S.42ff

38 Vgl. Esch, Wicke 2001, S.42ff

39 Vgl. Bruhn 2001, S.35

Aus Markenbekanntheit und Markenimage bildet sich die „Wissensstruktur einer Marke", die einem ständigen Wandel unterliegt.[40] Erworben wird die Wissensstruktur durch das Marketing-Mix der Anbieter, die zusätzlich durch Erfahrungsberichte oder Testberichte beeinflusst wird. Die wertorientierte Markenführung hat daher die Aufgabe, diese Wissensstruktur im Sinne einer Markenwertsteigerung zu gestalten.

Vor dem Hintergrund der beschriebenen Veränderungen für Unternehmen und den unternehmensspezifischen Zielen bestehen vielfältige, ständig zunehmende Aufgaben für die Markenführung.[41] Hierzu gehören die geeigneten Maßnahmen, um Marken sichtbar zu machen, und so eine Stellung in den Köpfen der Kunden zu erobern. Ein professioneller Markenaufbau trägt dazu bei, dass schnell „relevante und differenzierte Gedächtnisstrukturen" beim Kunden aufgebaut werden. Hierfür sollen die geeigneten Branding-Instrumente optimal aufeinander abgestimmt werden. Zusätzlich ist es erforderlich, dass die Marken klar positioniert sind. Neben der reinen funktionalen, sachlichen Kommunikation ist es wichtig, emotionale Eigenschaften der Marke zu kommunizieren und so einen Zusatznutzen zu schaffen.

Als Kommunikationsinstrumente spielen neben der Massenwerbung zusätzlich Event-Maßnahmen oder das Sponsoring ein bedeutende Rolle. Hierbei sollen die Kommunikationsmaßnahmen integriert werden, um ein einheitliches Bild der Marke zu realisieren.

Der Aufbau neuer Marken ist unter den genannten Bedingungen riskant und kostenintensiv. Daher gewinnen Strategiealternativen wie eine Dehnung der Marke oder das Co-Branding an Bedeutung. Diese Maßnahmen sollen einen Beitrag zur Stärkung der Muttermarke und somit des gesamten Unternehmens leisten. (Vgl. hierzu Kapitel drei)

Um langfristig erfolgreich zu sein, muss die Marke den Balanceakt zwischen einer kontinuierlichen Markenführung einerseits und einer Anpassung an veränderte Gegebenheiten andererseits, schaffen. Eine Verschlechterung des Markenimages, des Markenvertrauens und der Markenloyalität zeigt sich in der Verschlechterung von quantitativen Größen wie beispielsweise Umsatzzahlen. Um dies rechtzeitig zu er-

---

40 Vgl. Sattler, Völckner 2007, S.25

41 Vgl. Esch, Wicke 2001, S.42ff. Die Ausführungen beziehen sich auf diese Quelle.

kennen sind eine bewertende Analyse und ein Controlling der Marke eine wichtige Basis.[42]

2.3.2. Grundbegriffe

Der Wert einer Marke ist davon abhängig, ob es gelingt eine unverwechselbare Markenidentität aufzubauen. Ferner spielt das Branding eine wichtige Rolle im Markenaufbau. Daher werden die Begriffe nachfolgend kurz erläutert.

Der **Markenwert** ist der Wert, der „mit dem Namen oder dem Symbol der Marke verbunden ist".[43] (Zu aktuellen Beispielen über die Höhe des Markenwertes vgl. Kapitel eins)

In der Praxis existiert eine Vielzahl möglicher Messverfahren zur Bestimmung des Markenwertes.

Es gibt zwei Perspektiven zur Messung des Markenwertes:[44]

- Die finanzwirtschaftliche Sicht
- Die verhaltenswissenschaftliche Sicht

Aus finanzwirtschaftlicher Sichtweise errechnet sich der aktuelle Wert einer Marke aus den „abgezinsten Einzahlungsüberschüssen, die nur mit dieser Marke erwirtschaftet wurden".[45] Schwierig ist bei diesen Ansätzen die Abschätzung zukünftiger Erträge sowie die Bestimmung des Zinssatzes.

Bei der verhaltenswissenschaftlichen Perspektive ist die Wahrnehmung der Marke aus Sicht der Nachfrager oder sonstiger Zielgruppen eine entscheidende Einflussgröße auf den Wert der Marke. Problematisch ist hierbei, dass mögliche Marktrisiken und Marktpotenziale unberücksichtigt bleiben. Ein Kompromiss ist die Markenbewertung von Interbrand oder Semion. Einen Bewertungsansatz, der allen Ansprüchen gerecht wird, wird es wohl nicht geben, da er zu komplex wäre.[46]

---

42 Vgl. Naderer 2005, S.159

43 Vgl. Sattler, Völckner 2007, S.179f

44 Vgl. Esch 2008, S.59ff

45 Vgl. Pimpl 2003, S.23ff

46 Vgl. Pimpl 2003, S.23ff

Das Konzept der **Markenidentität** besteht aus zwei Sichtweisen, der Innenperspektive des Unternehmens und der Außenperspektive der Anspruchsgruppen.[47] Die interne Sichtweise ist das „Selbstbild der Markenidentiät". Die externe Sichtweise wird „Fremdbild der Markenidentitäten" oder Markenimage genannt.

Beim Aufbau einer Markenidentität müssen in einem ersten Schritt die inneren Werte einer Marke identifiziert werden, da sie die Erfolgspotenziale der Marke sind. Im zweiten Schritt werden mithilfe der Positionierung und deren Umsetzung dauerhafte Wettbewerbsvorteile aufgebaut. Hierbei spielt die Kundensichtweise eine entscheidende Rolle. Eine Übereinstimmung zwischen Fremdbild und Selbstbild der Marke ist die Basis einer starken Marke.

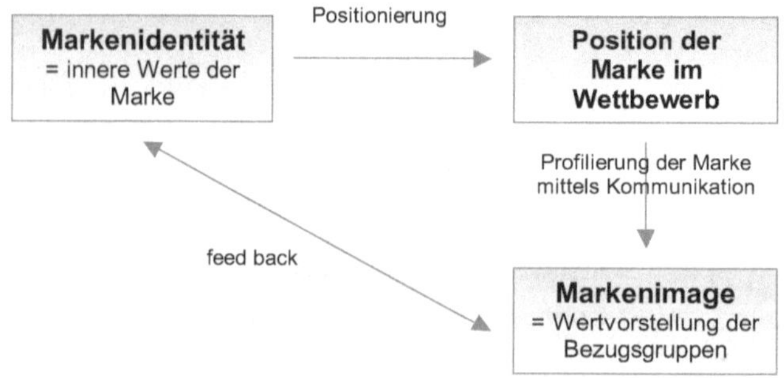

Abbildung 2: Zusammenhang von Markenidentität, Positionierung und Profilierung

Quelle: Eigene Darstellung in Anlehnung an Haedrich, Tomczak, Kaetzke 2003, S.31

Branding ist die Markierung von Produkten.[48] Es ist die Voraussetzung eines Markenaufbaus und somit für die Entstehung eines Markenartikels.[49] Der Beitrag der Markierung umfasst die Gestaltung von Markennamen und Markenlogo, sowie die Gestaltung des Produktes und der Verpackung. Branding ist heute in allen Branchen vertreten

47 Hierzu zählen Konsumenten oder sonstige Bezugsgruppen des Unternehmens. Vgl. Haedrich, Tomczak, Kaetzke 2003, S.30f. Hierauf beziehen sich die nachfolgenden Ausführungen.

48 Vgl. Esch, Langner 2001, S.439ff

49 Vgl. Himmel 2002, S.23ff

und ist ein geeignetes Mittel zur Differenzierung.[50] Markennamen tragen zur Identifizierung des Produktes bei. Nur wenn es einem Markennamen gelingt, unverwechselbar und aus der Masse herauszuragen, wird er wahrgenommen und dient so dem Ziel, langfristig den Unternehmenswert zu steigern.[51]

2.3.3. System von markenpolitischen Strategien

2.3.3.1. Grundlagen

Ausgangspunkt für die Markenstrategie sind die Unternehmensspezifischen Zielvorstellungen für das Unternehmen. Markenstrategien sind „langfristige, strategische Unternehmenspläne der Markenpolitik, mit dem Ziel, langfristig den Markenwert zu steigern".[52] *Meffert*[53] systematisiert die Markenstrategien im Wettbewerb in drei Dimensionen:

- Markenstrategien im vertikalen Wettbewerb
- Markenstrategien im horizontalen Wettbewerb
- Markenstrategien im internationalen Wettbewerb

Einen Überblick über die Markenstrategien gibt die nachfolgende Abbildung:

---

50 Vgl. Esch, Langner 2001, S.439ff und vgl. Baumgarth 2008, S.177

51 Vgl. Kohli, LaBahn, Thakor 2001, S.453ff

52 Vgl. Sattler, Völckner 2007, S.84f

53 Vgl. Huber et al., 2009, S.22. Im Gegensatz dazu unterscheidet Esch drei markenstrategische Grundoptionen: Einzelmarke, Familienmarke und Dachmarke. Vgl. Esch 2008, S.345f

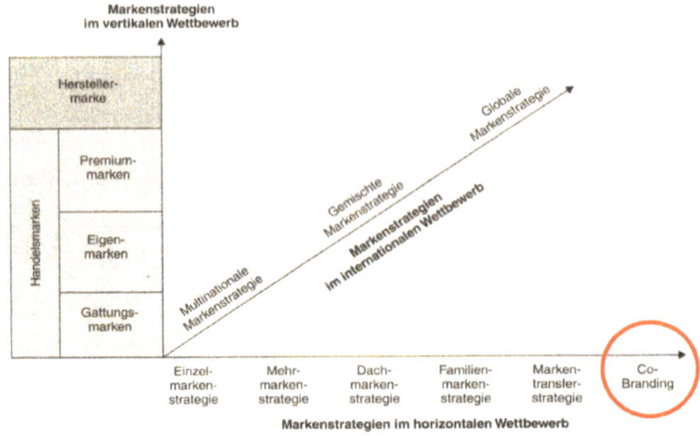

Abbildung 3: Dimensionen der Markenstrategien

Quelle: Entnommen aus Huber et al. 2009, S.22

Der Schwerpunkt des Buches liegt auf dem Co-Branding, einer Strategie des horizontalen Wettbewerbs.[54] Daher werden die horizontalen Strategien (Einzelmarken-, Mehrmarken-, Dachmarken-, Familienmarken- und Markentransfer-Strategie) nachfolgend kurz erklärt,[55] um im anschließenden Kapitel das Co-Branding ausführlich vorzustellen.

Das Prinzip der **Einzelmarke** lautet:

„Eine Marke = Ein Produkt = Ein Produktversprechen".[56]

Bei einer Einzelmarkenstrategie wird jedes Produkt unter einer Marke geführt. Ziel ist es, eine klare, unverwechselbare Markenidentität zu schaffen. Beispiel hierfür ist die Firma Ferrero, die für jedes Produkt eine einzelne Marke schafft.

---

54 Markenstrategien im vertikalen Wettbewerb beschreiben, ob ein Unternehmen als klassischer Markenhersteller auftritt oder für den Handel sogenannte „private label" liefert. Macht ein Unternehmen beides, so wird von einer „dualen Markenstrategie" gesprochen. Hierbei ist zu beachten, dass Kannibalisierungseffekte oder Imageschäden der Herstellermarken vermieden werden müssen. Vgl. Burmann, Meffert 2005b, S.81f. Die dritte Komponente beschreibt die Markenstrategien im internationalen Wettbewerb.

55 Die Vor- und Nachteile der Strategien sind im Anhang dargestellt.

56 Vgl. Esch 2008, S.345f

Abbildung 4: Einzelmarkenstrategie am Beispiel Ferrero

Quelle: Entnommen aus Sattler, Völckner 2007, S.87

Die **Mehrmarkenstrategie**[57] eines Unternehmens ist dadurch gekennzeichnet, dass es unterschiedliche Marken für ähnliche Marktsegmente entwickelt. Hierbei werden mindestens zwei Marken im selben Produktbereich parallel geführt. Beide sprechen identische Marktsegmente an. Die Marken unterscheiden sich in Produkteigenschaften, Preis oder im kommunikativen Auftritt.

Die Gefahr der Kannibalisierung der Marken untereinander wird aber in Kauf genommen, da sich die Marken in einem Unternehmen befinden. Diese Strategie wird bei stark gesättigten Märkten angewendet. Beispiel hierfür ist das Unternehmen Henkel mit seinen Marken Spee, Persil, Perwoll oder der Volkswagenkonzern mit seinen Marken VW, Skoda, SEAT.[58]

Bei der **Dachmarkenstrategie**[59] werden alle Produkte unter einer einzigen einheitlichen Marke angeboten. Der Unternehmensname ist die Dachmarke. Die Dachmarkenstrategie wird primär bei Industriegütern, Dienstleistungen oder Gebrauchsgütern angewandt. Beispiele sind IBM (Computer), AXA (Versicherungen) oder BMW (Automobile).

---

57 Vgl. Burmann, Meffert 2005c, S.176f

58 Vgl. Burmann, Meffert 2005c, S.176f

59 Vgl. Esch 2008, S.353f

Bei der Familienmarkenstrategie[60] werden mehrere Produkte, die im klassischen Sinne zu einer Produktgruppe oder Produktlinie gehören, unter einer einheitlichen Marke geführt. Sie stellen also eine Markenfamilie dar. Vorteilhaft ist es, dass die einzelnen Produkte vom „Image der gesamten Markenfamilie profitieren".[61] Die Strategie wird häufig im Bereich Kosmetik/Körperpflege angewandt, beispielsweise bei Nivea. Die Familienmarke verbindet die Vorteile der Einzel- und Dachmarke in einem.[62] Sie „profitiert von der Möglichkeit" einer klaren Positionierung wie die Einzelmarke und nutzt gleichzeitig die möglichen Synergieeffekte und das Kosteneinsparungspotenzial wie bei Dachmarken. Besonders stark vertreten ist diese Strategie bei den Konsumgütern, da hier Unternehmen anstelle von Einzelmarken vorhandene Marken durch Markendehnung „kapitalisieren" können.[63]

Die oben beschriebenen Markenstrategien treten in der Praxis häufig gemischt auf.[64]

2.3.3.2. Markentransferstrategien

Die Herausforderungen auf der Suche nach neuen Wachstumsmöglichkeiten führen dazu, dass viele Unternehmen das Erfolgspotenzial ihrer bereits etablierten Marken mithilfe eines Markentransfers nutzen wollen.[65]

Bei einer Markentransferstrategie[66] wird eine starke Ausgangsmarke[67] auf ein neues Transferprodukt übertragen.[68] Ziel dieser Strategie ist es,

---

60 Vgl. Esch 2008, S.348ff

61 Vgl. Bruhn 2009, S.146f

62 Vgl. Esch 2008, S.348. Hiernach gilt die klassische Familienmarkenstrategie als veraltet. Bei einer differenzierten Betrachtung wird zwischen „line brand strategy", klassische Familienmarke und „range brand strategy", die über Produktlinien hinausgeht unterschieden. Vgl. Esch 2008, S.348

63 Vgl. Esch 2008, S.348f

64 Vgl. Bruhn 2009, S.146f

65 Vgl. Meffert 1992, S.147

66 Der Begriff wird in der Literatur nicht einheitlich verwendet. Die Begriffe Brand Stretching oder Markendehnung werden synonym verwendet. Vgl. Sattler 2004, S.819f. Im Buch ist Markentransferstrategie der Oberbegriff für Line- und Brand- Extension. Vgl. Sattler 2004, S.819f. Burmann, Meffert unterscheiden zwischen Markendehnung und Markentransferstrategie. Vgl. Burmann, Meffert, Blinda 2005, S.201f

die vorhandenen Werte (Markenbekanntheit und Image) auf das neue Produkt (Transferprodukt) zu transferieren.[69] Die „imagemäßige Affinität“ zwischen der Muttermarke und dem Transferprodukt ist eine entscheidende Voraussetzung für den Erfolg dieser Markenstrategie.[70] Hiermit können im Gegensatz zur Neumarkenstrategie Kosten und Zeit gespart werden. Eine erhöhte Akzeptanz beim Verbraucher stärkt die Macht gegenüber dem Handel.[71] Die Markentransferstrategie gewinnt immer mehr an Bedeutung. So werden bei kurzlebigen Konsumgütern mehr als 90% aller Neuprodukte mit dieser Strategie eingeführt.[72] Der Hauptgrund für diese Entwicklung liegt darin, dass diese Form im Gegensatz zur Alternative (Neuprodukteinführung) kostengünstiger ist.[73] Unternehmen konzentrieren sich primär auf ihre starken Marken im Portfolio und nutzen diese als Ausgangsmarke für einen Transfer. Schwache Marken werden aus dem Produktportfolio des Unternehmens entfernt.[74]

Ein Beispiel für erfolgreiche Markenausdehnung ist die Marke Nivea. Ursprünglich war sie am „Hautcrememarkt“ vertreten. Die Marke hat sich weiter entwickelt u.a. mit Produkten wie Körperlotion, Shampoo und dekorative Kosmetik. Ein weiteres Beispiel ist die Marke Granini (Fruchtsäfte) unter der jetzt auch Bonbons angeboten werden. In der Sportbranche beispielsweise führte ADIDAS ein Duschgel ein.[75]

Es gibt beim Markentransfer unterschiedliche Möglichkeiten. Eine bestehende Marke kann unverändert auf ein neues Produkt übertragen werden. Eine weitere Option ist die Kombination einer bestehenden Marke mit einer weiteren, schon existierenden Marke. Hierbei spricht man von Co-Branding, das in Kapitel drei erläutert wird.[76]

---

67 Die Ausgangsmarke wird auch Muttermarke genannt. Vgl. Becker 2002, S.203f und Sattler 2004, S.819

68 Vgl. Sattler 2004, S.819

69 Vgl. Kiesow 2006, S.59

70 Vgl. Becker 2002, S.203f

71 Vgl. Sattler 2004, S.819ff und Bruhn 2009, S.146

72 Dies zeigt eine Studie von Ernst&Young und Nielsen aus dem Jahr 1999. Vgl. Baumgarth 2008, S.157ff

73 Vgl. Sattler 2004, S.820f

74 Unilever beispielsweise reduzierte sein Markenportfolio von 1600 Marken auf 400 Marken. Vgl. Sattler, Völckner 2007, S.88

75 Vgl. Baumgarth 2008, S.157ff

76 Vgl. Baumgarth 2008, S.157ff

Es gibt zwei grundlegende Formen eine bestehende Marke auszudehnen. Diese werden nachfolgend erklärt.[77]

2.3.3.2.1. Line-Extension

Bei einer Line-Extension (Produktlinienerweiterung) wird die Marke auf Produkte der gleichen Produktgruppe transferiert.[78] Mit dieser Strategie kann das Unternehmen seine bestehende Produktpalette an die besonderen Bedürfnisse einzelner Kundensegmente anpassen, um eine bessere Marktabdeckung zu erzielen.[79] Hierbei ist von Vorteil, dass zwischen der Muttermarke und dem Neuprodukt ein höherer Markenfit besteht. Beispiel für Line-Extension ist die Einführung der Zigarettenmarke Marlboro Lights und Marlboro Medium.[80]

Abgrenzbare Kundensegmente, die mit einer erweiterten Marke auch angesprochen werden können, sind Voraussetzung für eine Produktlinienerweiterung. Für das Unternehmen bietet diese Strategie den Vorteil, eine breite Marktabdeckung zu erzielen.[81] Eine zu starke Ausdehnung der Produktlinie kann allerdings dazu führen, dass die Kaufentscheidung beim Kunden erschwert wird.[82]

2.3.3.2.2. Brand-Extension

Bei einer Brand-Extension[83] (Franchise-Extension) wird die Marke in eine neue Produktkategorie gedehnt.[84] Die Umsetzung dieser Strategie erfolgt nach Meffert entweder in Lizenz[85] oder als Co-Branding.[86]

---

77 Vgl. Baumgarth 2008, S.157ff und Homburg, Krohmer 2003, S.530. Die Begriffe werden in der Literatur unterschiedlich verwendet. So unterscheidet Sattler zwischen Line-Extension und Franchise-Extension. Vgl. Sattler 2004, S.819f. Er setzt den Begriff Markentransferstrategie mit Brand-Extension gleich, was wiederum bei anderen eine Form der Markentransferstrategie ist. Vgl. Sattler, Völckner 2007, S.87

78 Vgl. Sattler 2004, S.819ff, Baumgarth 2008, S.157ff und vgl. Esch, Fuchs, Bräutigam, Redler 2001, S.758f

79 Vgl. Esch, Fuchs, Bräutigam, Redler 2001, S.758f

80 Vgl. Esch, Fuchs, Bräutigam, Redler 2001, S.758f

81 Vgl. Esch, Fuchs, Bräutigam, Redler 2001, S.758f

82 Vgl. Homburg, Krohmer 2003, S.530f

83 Meffert nutzt hier den Begriff Markentransferstrategie. Vgl. Meffert 2008, S.378. Synonyme sind Category-Extension oder Franchise-Extension. Vgl. Baumgarth 2008, S.157f

Die positive Wahrnehmung einer Marke soll intensiv genutzt werden, um neue Märkte zu erobern. Kunden, die bereits positive Erfahrungen mit dem Ursprungsprodukt gemacht haben, wird die Kaufentscheidung erleichtert, da sie die positiven Erfahrungen auf das neue Produkt übertragen.[87] Neben den Chancen besteht aber auch die Gefahr der Markenverwässerung, wenn beispielsweise Hauptprodukt und Transferprodukt unterschiedliche Zielgruppen ansprechen. Zu viele Brand-Extensions gefährden die Glaubwürdigkeit der Marke.[88]

Ein Beispiel für diese Strategie ist die Marke Camel, die ihre Produktpalette von der klassischen Tabakmarke auf Herrenbekleidung und Uhren ausgedehnt hat.[89]

Es ist zu beachten, dass zwischen der Muttermarke und dem Transferprodukt bei der Brand-Extension ein niedrigerer Fit besteht als bei der Produktlinienerweiterung. Eine klare Bestimmung, welche Transferstrategie vorliegt, ist nicht immer möglich, da die Produktkategorien oftmals nicht klar abgegrenzt werden können.[90]

2.3.3.2.3. Erfolgsfaktoren von Markentransferstrategien

In der Literatur werden die Erfolgsfaktoren vielfach diskutiert.[91] Bei verschiedenen Studien zum Erfolg von Markentransfers wurde untersucht, ob „die Erfolgswahrscheinlichkeit eines Transfers von verschiedenen Erfolgsfaktoren (Qualität, Image) abhängt".[92] Nach empirischen Studien gibt es aus Konsumentensicht zwei entscheidende Hauptfaktoren, die beim Erfolg einer Markentransferstrategie von Bedeutung sind:[93]

---

84 Vgl. Sattler 2004, S.819ff

85 Vgl. Burmann, Meffert, Blinda 2005, S.203ff

86 Vgl. Meffert 2000, S.378ff

87 Vgl. Homburg, Krohmer 2003, S.530f

88 Vgl. Homburg, Krohmer 2003, S.530f

89 Vgl. Burmann, Meffert, Blinda 2005, S.201

90 Vgl. Baumgarth 2008, S.157f und Sattler 2004, S.819f

91 Vgl. Baumgarth 2008, S.157ff

92 Die Studien beruhen auf einer Befragung von Konsumenten, in der die Einstellung zu hypothetischen Marken erfasst wird. Diese in der Befragung genannten Marken existieren nicht real. Vgl. Sattler 2004, S.820ff

93 Vgl. Sattler 2004, S.820f. Ferner hängt der Erfolg von Markentransferstrategien auch von den Managementfähigkeiten ab. Vgl. Baumgarth 2008, S.163

- **Hoher Fit** zwischen Muttermarke und Transferprodukt
- **Wahrgenommene Qualität** der Muttermarke

Bei einem **hohen Fit** wird das „Image und die positive Einstellung" von der Muttermarke auf das Transferprodukt übertragen.[94] Die subjektiv **wahrgenommene Qualität** der Ausgangsmarke spielt eine bedeutende Rolle für die Qualitätseinschätzung des Transferproduktes. Je höher sie bei dem Ausgangsprodukt eingeschätzt wird, desto erfolgreicher ist das Transferprodukt.[95]

Daneben existieren noch weitere, jedoch für den Konsumenten weniger relevante Erfolgsfaktoren.

- Markenwissen der Abnehmer
- Abstrakte Assoziationen der Muttermarke
- Kommunikation
- Ausstrahlungseffekte auf die Muttermarke

Das Markenwissen der Abnehmer beeinflusst die Fitbeurteilung. Hierbei treten Unterschiede zwischen der Beurteilung von Laien oder Experten auf. Abstrakte Assoziationen wie beispielsweise Luxus oder Spaß, die mit der Hauptmarke in Verbindung gebracht werden, können ohne Widersprüche auf ein anderes Produkt übertragen werden. Liegen jedoch konkrete Assoziationen vor und werden diese mit dem neuen Produkt in Verbindung gebracht so können sie dort für Irritationen sorgen.[96] Die Kommunikation von gemeinsamen Eigenschaften beider Produkte führt zu einem erhöhten Fit und damit zu besseren Erfolgsaussichten des Markentransfers.

Für die Beurteilung eines Markentransfers sind auch die Ausstrahlungseffekte (Spill-Over-Effekte) auf die Hauptmarke von Bedeutung. Hierbei ist die Gefahr einer „negativen Rückwirkung auf die Muttermarke" größer wenn ein hoher gemeinsamer Fit vorliegt.[97]

---

94 Vgl. Baumgarth 2008, S.157ff

95 Vgl. Baumgarth 2008, S.157ff

96 Vgl. Baumgarth 2008, S.157ff. Probanden würden beispielsweise den Transfer von Bier und Popkorn als negativ beurteilen, weil dieses dann nach Bier schmecken würde. Vgl. Baumgarth 2008, S.157ff

97 Vgl. Baumgarth 2008, S.157ff

2.3.3.2.4. Vor- und Nachteile der Transferstrategien

Das bestehende Markenimage und die Markenbekanntheit werden von der Muttermarke auf das Transferprodukt übertragen.[98] Dies spart dem Unternehmen Zeit und Kosten, da es mit seinem neuen Produkt schneller am Markt ist und keine Investitionen in einen neuen Imageaufbau getätigt werden müssen.[99] Weitere Kostenvorteile entstehen durch sogenannte Synergieeffekte, beispielsweise bei einer einheitlichen Verpackung, bei Kommunikationsmaßnahmen oder der Namensfindung.

Weitere Vorteile ergeben sich in umgekehrter Blickrichtung. Die Muttermarke kann ebenfalls von dem Transferprodukt profitieren. Die Markenbekanntheit steigt, oder die positiven Assoziationen des Transferproduktes werden auf die Muttermarke übertragen, die wiederum ihr Image erweitert. Hiermit können neue Käuferschichten gewonnen werden

Die Reduzierung des Floprisikos und eine Stärkung der Nachfrage, die wiederum zur Stärkung gegenüber dem Handel führt sind weitere Vorteile dieser Strategie.[100] Die Markentransferstrategie lässt Marken weiterleben ohne vom jeweiligen Produktlebenszyklus abhängig zu sein. Somit kann das investierte Kapital in die Marke im Rahmen eines „Markenlebenszyklus" weitergeführt werden.[101]

Nachteile bestehen in einem möglichen Risiko, dass sich die Strategie als Flop erweist, oder dass ein negativer Imagetransfer auf die Muttermarke stattfinden könnte. Das kann zu Umsatzeinbußen führen. Ferner wird eine klare Positionierung immer schwieriger. Ein weiteres Risiko ist die Gefahr der Kannibalisierung der Produkte untereinander, wobei das Motto gilt: „Kannibalisiere dich selbst, bevor es andere tun".[102]

---

98 Vgl. Sattler 2004, S.820f und vgl. Sattler, Völckner 2007, S.93ff. Die nachfolgenden Ausführungen beziehen sich auf diese Quellen.

99 Die Produkteinführungskosten unter Ausnutzung der Markentransferstrategie betragen nur 50% der Kosten, die bei einer Neuprodukteinführung mit der Neumarkenstrategie anfallen würden. Vgl. Sattler 2004, S.820f

100 Vgl. Sattler 2004, S.820f

101 Vgl. Sattler 2004, S.820f

102 Ebenda

Vorteile	Nachteile
- Zeit- und Kostenvorteile durch schnellere und kostengünstigere Neuprodukteinführung - Kostensynergien beispielsweise bei Verpackung, Kommunikation und Namensfindung - Etablierte Marke ermutigt Abnehmer zum Erstkauf - Wertschöpfungspotenziale - Geringeres Floprisiko - Erhöhte Handelsakzeptanz - Positive Rückwirkung auf die Muttermarke	- Floprisiko wegen mangelndem Fit der Marken oder imageschwache Muttermarke - Negative Imagebildung der Muttermarke - Verwässerung des Markenimages - Absatzrückgang bei der Muttermarke - Unklare Positionierung - Kannibalisierung der Produkte untereinander

Tabelle 2: Vor- und Nachteile der Markentransferstrategie

Quelle: Eigene Darstellung. Zu den Inhalten vgl. Sattler 2004, S.820f und Baumgarth 2008, S.159

3 Co-Branding als markenstrategische Alternative

3.1 Ausgangssituation

Co-Branding gewinnt in letzter Zeit immer mehr an Bedeutung. Dies betrifft viele Branchen, von der Nahrungsmittelindustrie (Ritter Sport und Baileys), den Fluggesellschaften (StarAlliance) bis zum Finanzservice (MasterCard, Visa).[103] Im Premiumbereich gibt es ein gemeinsames Co-Branding von Adidas und Porsche. Sie bauen unter dem Namen „Porsche Design" eine Sportmarke im Luxusbereich auf. Hierzu zählen Sportschuhe und Textilien für Golf, Tennis und den Laufsport.[104]

Bekannte Markenhersteller versuchen so sich gegen die Konkurrenz der Handelsmarken abzugrenzen, einen doppelten Qualitätsanspruch aufzubauen und gleichzeitig die Werbekosten zu senken.

Der Anteil der Manager, die Co-Branding in Zukunft für wichtig halten, stieg von 3% im Jahr 1997 auf 15% im Jahr 2003. Weitere Studien belegen den zunehmenden Stellenwert. So stimmten 65% der befragten Manager im Jahr 2000 zu, dass „Markenallianzen zukünftig ein wichtiges Instrument der Markenführung darstellen".[105] Zwar ist die Aktualität von Co-Branding im Vergleich zu anderen Optionen geringer, dennoch sehen die Befragten hierin die einzige Markenanreicherungsform, die in Zukunft eine höhere Bedeutung aufweisen wird.[106] Die Ergebnisse der Befragung zeigt die nachfolgende Abbildung.

---

103 Vgl. Blackett, Russel 1999, p.1ff

104 Vgl. o.V., Porsche und Adidas starten gemeinsame Premium-Sportmarke, in: Absatzwirtschaft vom 12.07.2005, vgl. http://www.absatzwirtschaft.de/Content/_pv/_p/1003002/_t/fthighlight/highlightkey/co-branding/_b/39665/default.aspx/porsche-und-adidas-starten-gemeinsame-premium-sportmarke.html

105 Vgl. Baumgarth 2004a, S.239

106 Vgl. Baumgarth 2004a, S.239. Es wurden 173 Manager befragt.

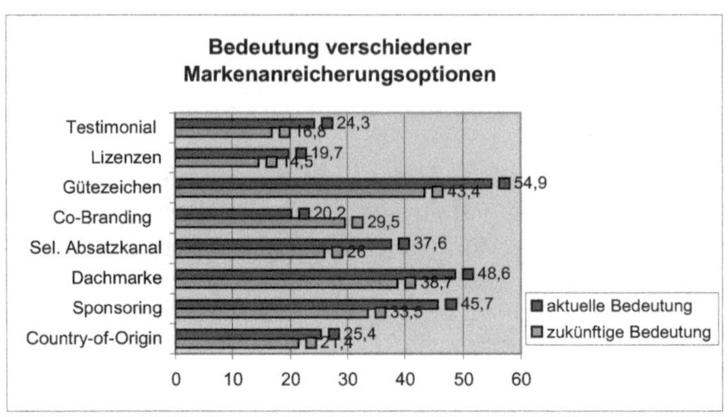

Abbildung 5: Bedeutung verschiedener Markenanreicherungsoptionen

Quelle: Eigene Darstellung in Anlehnung an Baumgarth 2004a, S.240

Co-Branding ist eine junge Strategie, die in der Literatur unterschiedlich definiert und in das Gebiet der Markenführung eingeordnet wird.[107] Nach *Esch* ist Co-Branding gleichzusetzen mit dem Begriff Markenallianzen, die über eine herkömmliche Markendehnung hinausgehen. Markenallianzen beziehen sich auf die Kombination zweier bestehender Marken. Hierbei ist es unerheblich, ob die Marken aus einem Unternehmen oder aus verschiedenen Unternehmen stammen. Markenallianzen haben den Vorteil, dass mit ihnen „die Kraft von mindestens zwei Marken" gebündelt werden.

Die unterschiedliche Auffassung in der Literatur führt zu einer Begriffsverwirrung und erschwert die Herleitung konkreter Handlungsempfehlungen.[108] Daher wird nachfolgend der Begriff zu verschiedenen Markenallianzen abgegrenzt, um anschließend die Definition auszuwählen, die zugrunde gelegt wird.

---

107 Vgl. Blackett, Russel 1999, p.1. Vgl. Baumgarth 2004a, S.235f

Vgl. Esch 2008, S.44ff. Die nachfolgenden Ausführungen beziehen sich auf diese Quelle.

108 Vgl. Esch 2008, S.442ff

3.2 Abgrenzung zu anderen Begriffen

Wird der Begriff Markenallianz weit gefasst, so fällt darunter jeder gemeinsame Auftritt von mindestens zwei selbstständigen Marken. Nach dieser weiten Definition sind nur die „Dauer der Zusammenarbeit“ und der „Grad des Aufbaus gemeinsamer Wertvorstellungen“ entscheidende Klassifizierungsmerkmale.[109] Hierzu gehören die Markenallianzen wie Co-Promotion, Ingredient Branding, Mega-Brands und Co-Branding (im engeren Sinne).[110]

Co-Promotion ist eine befristete kommunikative Aktion zweier Marken. Hierbei werden diese beworben oder in einer Verkaufsförderungsaktion vermarktet. Ein gemeinsames Werbebudget ermöglicht einen stärkeren gemeinsamen kommunikativen Auftritt. Hierbei ist auf die Imageverträglichkeit beider Marken zu achten.[111] Die umfangreichste Werbepartnerschaft in der Lebensmittelbranche verbindet die Molkerei „Alois Müller GmbH&Co“ mit „Burger-King“. Ihr Motto lautet: „Sechs Müller-Deckel sammeln und beim Burger-King-Menue 66 cent sparen“.[112] Weitere Beispiele sind McDonald und Disney oder die Empfehlung von Bauknecht das Waschmittel Fairy Ultra zu verwenden.[113]

Eine besondere Art der Co-Promotion ist die Aktion von Krombacher. Hierbei wird für jeden Kauf eines Kasten Biers ein Stück Regenwald vom Unternehmen Krombacher gekauft und damit der WWF unterstützt.[114] Dies heißt auch „Social Co-Promotion“.[115] Die Kommunikation auf der Homepage zeigt nachfolgende Abbildung.

---

109 Vgl. Esch 2008, S.442ff. Gaiser, Trittler 2005, sprechen hier von „Intensität und Art der Zusammenarbeit“. Vgl. Gaiser, Trittler 2005, S.446ff

110 Vgl. Esch 2008, S.442ff

111 Vgl. Esch 2008, S.442ff

112 Vgl. Gaiser, Trittler 2005, S.446ff

113 Vgl. Esch 2008, S.442ff

114 Das Projekt wurde erfolgreich beendet. Die Unterstützung des Regenwaldes läuft aber weiterhin im Rahmen einer Stiftung. Vgl. http://www.krombacher.de/regenwald/projekt/news_solaranlage.php

115 Vgl. Kiesow 2006, S.85

Abbildung 6: Co-Promotion von Krombacher

Quelle: Unternehmenshomepage[116]

Joint Ventures oder Mega-Brands sind Zusammenschlüsse von vielen starken Marken zu einer Supermarke. Diese Kooperation ist meist langanhaltend und kapitalintensiv. Ziel ist die Kommunikation einer gemeinsamen Markenidentität sowie das Erzielen von Gewinn- und Kostenvorteilen der Beteiligten. Beispiel ist die StarAlliance, ein Zusammenschluss mehrerer Luftfahrtgesellschaften zu einer gemeinsamen Marke. Hierbei bleiben alle beteiligten Marken selbstständig.[117]

Das **Ingredient Branding**[118] ist das Markieren von Vorprodukten. Es bezieht sich auf den vertikalen Zusammenschluss zweier Marken[119]

---

116 Vgl. http://www.krombacher.de/regenwald/index.php

117 Vgl. Esch 2008, S.442ff. Vgl. Blackett, Russel 1999, p.17

118 Vgl. Gaiser, Trittler 2005, S.447 und vgl. Esch 2008, S.442f, S.453ff. Weiterhin gibt es das „inverse Ingredient Branding". Hierbei wählt ein Endprodukt-

und ist eine Kombination von Marken unterschiedlicher Wirtschaftsstufen in einem Produkt.[120] Es werden Rohstoffe oder sonstige Einsatzstoffe und Teile in einem anderen Markenartikel gebrandet.[121] Diese werden vom Verbraucher als eigenständiger Bestandteil des Produktes wahrgenommen. Ziel des Ingredient Branding ist es, vermehrt Einfluss auf die Kaufentscheidung der Verbraucher zu nehmen. Beispiele hiefür sind der Computerchiphersteller Intel mit seinem Slogan „intel inside"[122] und im Lebensmittelbereich der kalorienreduzierte Zuckerersatzstoff Nutrasweet als Bestandteil von Diet Coke. Im Sportsegment ist GORE-TEX ein Beispiel. Diese Ingredient Brands sind nachfolgend abgebildet.

---

hersteller ein Produktionsgut und versucht damit, seine eigene Marke mithilfe der anderen Marke zu verbessern. Dies stellt u.a. eine Möglichkeit für Endprodukthersteller mit relativ schwachen Marken dar. Diese würden von einem starken Ingredient Brand profitieren. Vgl. Freter, Baumgarth 2001, S.326f. Fraglich ist aber, ob sich ein starkes Ingredient Brand für eine schwache Endverbrauchermarke gewinnen lässt.

119 Vgl. Esch 2008 S.442f

120 Vgl. Gaiser, Trittler 2005, S.447ff. Ingredient Branding wird definiert als „die strategische Markenführung von Produktionsgütern im b2b-Bereich, die sich beim Endkunden durch die Markierung einzelner Produktkomponenten (...) in der Marke des Endproduktherstellers bemerkbar machen". Vgl. Pförtsch, Müller 2006, S.17

121 Vgl. Freter, Baumgarth 2001, S.324 und Esch 2008, S.453ff. Ein Beispiel für Rohstoffe ist das Wollsiegel. Einsatzstoffe sind beispielsweise Süßstoffe (Nutra-Sweet) und zu Teilen gehören zum Beispiel Speicherchips. Vgl. Esch 2008, S.453ff

122 Die Markierung „Intel inside" reicht den Kunden oft, um das Produkt als Qualitätsprodukt auszumachen. Der Hersteller des Computers oder Laptops spielt eine untergeordnete Rolle. Dies zeigt u.a. der Erfolg, den die Vermarktung von Intel markierten Computern bei Aldi hatte. Vgl. Esch 2008, S.442f. Kritisch anzumerken ist, dass die EU-Kommission gegen Intel ein Bußgeld in Rekordhöhe verhängt hat, da Intel seine marktbeherrschende Stellung missbrauchte und Schmiergelder an Hersteller und Händler gezahlt haben soll. Vgl. o.V. Machtmissbrauch, 1 Milliarde Euro Strafe gegen Chiphersteller Intel. http://www.welt.de/webwelt/article3730190/1-Milliarde-Euro-Strafe-gegen-Chiphersteller-Intel.html. Hiermit wurde in den Anfängen eine künstliche Einflussnahme auf den Verbraucher genommen, was zusätzlich den Erfolg der Marke ausmachte.

Abbildung 7: Beispiele für Ingredient Branding

Quelle: Eigene Darstellung, Bildmaterial vgl. Esch 2008, S.454

Beim **Co-Branding im engeren Sinne**[123] wird ein Produkt zweier Hersteller, die auf der gleichen Wirtschaftsstufe sind, doppelt markiert.[124] Unter beiden Marken wird ein neues Produkt auf den Markt gebracht.[125] In letzter Zeit wurde dieses Instrument von den Süßwarenherstellern genutzt, um sich auf dem gesättigten Markt von den Wettbewerbern abzugrenzen. Beispiel hierfür ist das gemeinsame Eis von Häagen-Dazs und Baileys.

---

123 Ein Synonym ist Composite Branding. Vgl. Gaiser, Trittler 2005, S.448

124 Vgl. Gaiser, Trittler 2005, S.448ff. Im Gegensatz dazu steht das Dual-Branding, bei dem ein Produkt mit zwei Marken eines Unternehmens kombiniert wird. Dies stellt einen Sonderfall dar. Ein Beispiel hierfür ist Kraft Foods mit „Jacobs Cappuccino mit Milka Geschmack". Beide Marken, Jacobs und Milka gehören zu Kraft Foods. Es ist nicht zu verwechseln mit Dachmarken oder Firmenmarkenstrategie. Vgl. Gaiser, Trittler 2005, S.448. Nach Esch schließen sich hierbei „auf horizontaler Ebene zwei Marken verschiedener Unternehmen zusammen und bringen unter beiden Marken ein neues Produkt heraus". Vgl. Esch 2008, S.442f

125 Vgl. Esch 2008, S.442f

Abbildung 8: Co-Branding von Häagen-Dazs und Baileys

Quelle: Unternehmenshomepage[126]

Weitere Beispiele sind die gemeinsame Tafel Schokolade von Ritter Sport und Baileys, Fruity-Smarties (Haribo und Nestlé), Eis Chupster (Langnese und Chupa Chups) oder das Eisprodukt Langnese Cremissimo mit Milka, Toblerone und Batida de Coco.[127]

Die erste Differenzierung von Markenallianzen greift für *Esch* zu kurz. Für ihn sind weitere Aspekte wie rechtliches Eigentum, Wirtschaftsstufe, Zahl, und Hierarchie der beteiligten Marken sowie die Zeitdauer entscheidend. Daher wird hiernach der Begriff Markenallianz im engeren Sinne (Co-Branding im engeren Sinne) zusätzlich durch folgende Merkmale gekennzeichnet:

- Markierung eines Produktes durch mehrere Marken unterschiedlicher Eigentümer
- Gleiche horizontale Wirtschaftsstufe
- Nicht kurzfristig angelegte Kooperation[128]

Entscheidend ist, dass neben dem gemeinsamen Markenauftritt jede Marke weiterhin alleine (isoliert) am Markt bestehen bleibt. Ein weiteres, wichtiges Prinzip dieser Markenkooperation ist der Imagetransfer.[129] Hierbei sollen Teile des positiven Images der kooperierenden Partner auf ein gemeinsames Produkt übertragen werden. Daneben

126 Vgl. http://www.haagen-dazs.de/index.asp?deepPage=products&prodID=16

127 Vgl. Gaiser, Trittler 2005, S.448 und Baumgarth 2004, S.179. Hierbei spricht man von „Polygamen Markenbeziehungen". Vgl. Will 2003, S.70

128 Vgl. Esch 2008, S.442f

129 Vgl. Gaiser, Trittler 2005, S.448

soll das Neuprodukt wiederum positive Assoziationen für die jeweiligen Marken bewirken. Hierbei spricht *Gaiser* vom „Rücktransfer der positiven Assoziationen" des Neuproduktes.[130] Beim Co-Branding wird ein Leistungsangebot durch die teilnehmenden Marken markiert.

3.3 Definition von Co-Branding

Wie obige Ausführung zeigt, wird der Begriff Co-Branding in der Literatur unterschiedlich abgegrenzt. Einige Autoren fassen den Begriff enger, andere weiter.

Eine erste Definition geben die Berater *Blacket, Russell* wie folgt:

> „Co-Branding is a form of co-operation between two or more brands with significant customer recognition, in which all the participants` brand names are retained. It is usually of medium-to long-term duration (...)".[131]

Hierbei stehen die Kooperation zweier Marken bei mittelfristiger Dauer im Mittelpunkt der Definition.

Eine erweiterte Definition gibt *Esch*.

Nach *Esch* ist Co-Branding[132] im engeren Sinne dadurch gekennzeichnet, dass

> „etablierte Marken, von wenigstens zwei verschiedenen Eigentümern, die auch nach der Allianz alleine weitergeführt werden, in einer langfristig angelegten Beziehung ein neues Angebot durch gemeinsame Markierung kennzeichnen".[133]

Baumgarth versteht unter Co-Branding

> „die systematische Markierung einer Leistung durch mindestens zwei Marken, wobei diese sowohl für Dritte wahrnehmbar sein als auch weiterhin eigenständig auftreten müssen".[134]

130 Vgl. Gaiser, Trittler 2005, S.447

131 Blacket, Russel 1999, p.3

132 Vgl. Esch 2008, S.443

133 Im Gegensatz dazu steht die Lizenzierungsstrategie, bei der nur eine Marke erscheint. Vgl. Burmann, Meffert, Blinda 2005, S.206f

134 Vgl. Baumgarth 2008, S.196f. Nach Freter und Baumgarth wird Co-Branding dadurch charakterisiert, dass „ein Anbieter ein Produkt, welches bereits isoliert einen Markenartikel darstellt, zusätzlich mit einer Markierung versieht, deren Rechte ein anderes Unternehmen besitzt". Vgl.

Die Hauptmerkmale von Co-Branding sind hiernach:

- Verbindung von mindestens zwei Marken
- Aus Sicht der Konsumenten sind die beteiligten Marken vor und nach dem Co-Branding eigenständig
- Gemeinsame Leistung
- Abnehmer erkennt Kooperation

Oben genannte Definition nach Baumgarth wird zugrunde gelegt.

Weitere Beispiele für Co-Branding im Sinne der obigen Definition sind die Küchengeräte-Designlinie von Philips und Alessi, sowie der Elektrorasierer von Philips mit integriertem Aftershave (Philishave & Nivea For Men). Das gemeinsame Online-Portal von Obi und Otto (Obi@Otto) zählt ebenfalls zu Erfolgsbeispielen.[135] Weiterhin kann das Co-Branding von Milka und Kellogg genannt werden. Hierbei bündeln zwei Marktführer ihre Kompetenzen und bringen eine gemeinsame Tafelschokolade auf den Markt.[136]

3.4 Ziele des Co-Branding

Wissenschaftlich belegt ist nach *Esch* die Ähnlichkeit von Co-Branding und Markenallianzen,[137] daher können auch die Ziele vereinzelt auf Co-Branding übertragen werden.

Bei einer Befragung der Universität Bielefeld wählten 72% der befragten Praktiker die „Ansprache neuer Käufergruppen“ als wichtigstes

---

Freter, Baumgarth 2001, S.325. Eine inhaltlich ähnliche Definition lautet: „Eine Verbindung von mindestens zwei Marken, die für den Nachfrager wahrnehmbar kooperieren, um durch die Kooperation der Marken ein gemeinsames Leistungsbündel zu schaffen“. Diese Marken sind vor und nach der Kooperation aus Nachfragersicht selbständig. Vgl. Burmann, Meffert, Blinda 2005, S.206

135 Vgl. Baumgarth 2004, S.179

136 Vgl. o.V. Milka und Kellogg verschmelzen zu einer 300 Gramm-Tafel, http://2005.worldchocolatemasters.com/ press_releases/pressrelease_3_76.pdf.und http://www.kraftfoods.de/kraft/page?siteid=kraft-prd&locale=dede1&PagecRef=2736&Mid=

137 Vgl. Esch 2001, S.343f

Ziel, gefolgt von „Generierung neuer Verwendungsfelder" (56%) und „Zugang zu neuen Marktsegmenten" (48%).[138] Weitere Ziele sind eine „Änderung des Markenimages" (32%) und eine Steigerung der wahrgenommenen Qualität (32%), sowie die Neuprodukteinführung (28%).

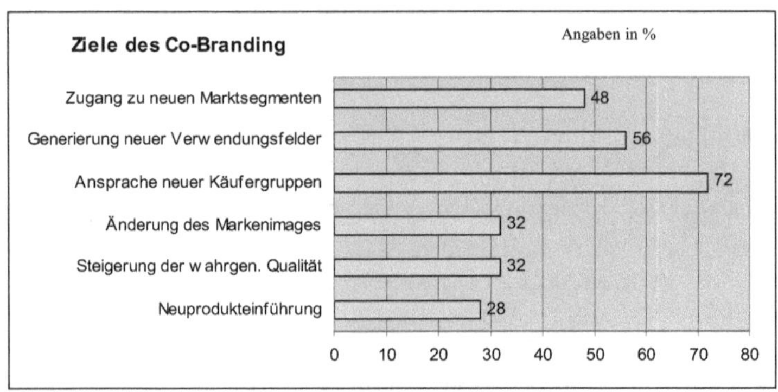

Abbildung 9: Ziele des Co-Branding

Quelle: Eigene Darstellung in Anlehnung an Kiesow 2006, S.73

Die wichtigsten Ziele von Co-Branding sind folgende:[139]

- Erhöhung des Markenwertes und der Markenstärke
- Steigerung des Umsatzes
- Markteintrittsbarrieren überwinden
- Eintritt in neue Märkte
- Nutzen von Synergieeffekten
- Steigerung der Innovationsfähigkeit
- Positiver Imagetransfer
- Positiver Transfer auf die Muttermarke
- Gewinnung neuer Zielgruppen

Sie können in zwei Zielbereiche unterteilt werden, in verhaltensorientierte Ziele (Ziele 1-6) und in finale Ziele (Ziele 7-9).[140]

---

138 Vgl. Kiesow 2006, S.73. Die Originalquelle liegt der Autorin nicht vor, daher können keine Angaben zu der Zahl der Befragten gemacht werden.

139 Vgl. Kiesow 2006, S.74ff

Zu den ersten sechs Zielen gehören die Co-Brand-Effekte die positiv oder negativ verlaufen können.

Die Spill-Over-Effekte (zu denen die Ziele 7-9 gehören) zeigen sich in Image- oder Einstellungsveränderungen und können das Markenbild oder Markenimage positiv, negativ oder gar nicht verändern. Erfolgreich ist ein Co-Branding nur dann, wenn sowohl Spill-Over-Effekte als auch Co-Brand-Effekte positiv sind.[141]

Diese Ziele verfolgt auch die Praxis mit seinen Co-Brands. So ist es für Nestlé ein Ziel, die Aktualität der Marke zu erhalten. Durch den gemeinsamen Auftritt mit Ritter Sport ist Nestlé in einer neuen Produktkategorie vertreten und es wurden auch die Käufer von Tafelschokoladen als neue Verwender hinzugewonnen.[142]

3.5 Ausprägungsformen

Wie die Ausführungen zeigen, unterteilt die Literatur unterschiedliche Ausprägungsformen. Einerseits kann Co-Branding in enger oder weiter unterteilt werden. Eine andere Unterscheidung ergibt sich anhand der Richtung der Zusammenarbeit. *Baumgarth* unterscheidet beispielsweise in der Richtung der Zusammenarbeit u.a. zwischen vertikal und horizontal.[143]

Das vertikale Co-Branding, auch Ingredient Branding genannt, bezieht sich auf „vor- und nachgelagerte Wertschöpfungsstufen". Hierbei kooperieren Hersteller unterschiedlicher Stufen miteinander. Beispiele hierfür sind Coca-Cola und NutraSweet.[144] Auf der horizontalen Ebene kooperieren zwei oder mehr Hersteller auf einer Stufe miteinander. Beispiel hierfür ist Obi@Otto, ein gemeinsames Online-Portal des Otto-Versand und der Baumarktkette Obi, oder Mc-Donald´s und Smarties mit dem Eis MCFlurry Smarties.

---

140 Vgl. Kiesow 2006, S.74ff

141 Vgl. Kiesow 2006, S.74ff

142 Vgl. Will, 2003 S.70

143 Vgl. Baumgarth 2004, S.178

144 Vgl. Burmann, Meffert, Blinda 2005, S.207

3.6 Erfolgsfaktoren des Co-Branding

Zu den Wirkungsgrößen des Erfolgs zählen nach *Baumgarth* die Beurteilung des Co-Brands durch die Abnehmer und die Spill-Over-Effekte des Co-Brands auf die Muttermarke.[145] Als Einflussfaktoren nennt er den Fit, die Markenstärke der beteiligten Unternehmen, sowie die Markenanordnung und die Realisierung des Co-Branding.

Burmann et al. sprechen von zwei wesentlichen Erfolgsfaktoren, von der „Komplementarität oder dem Fit der Markenidentitäten" und dem „Fit der Zielgruppen".[146] „Komplementarität der Markenidentitäten" bedeutet, dass sich die Markenidentitäten der kooperierenden Marken ergänzen und die kombinierten Marken zueinander passen.[147] Es wird zwischen „Markenfit" und „Produktfit" unterschieden. Der Markenfit umfasst die Übereinstimmung zwischen Selbstbild und Fremdbild der Markenidentität.

Der Produktfit zeigt die Übereinstimmung der beteiligten Produkte. Hierbei werden die positiven Eigenschaften kombiniert. Beispielsweise bringt Milka Schokoladenkompetenz und Langnese Eiskompetenz beim gemeinsamen Produkt Langnese Cremissimo und Milka-Kuhfleckeneis ein.[148]

Der übereinstimmende Fit ist sowohl für Nachfrager als auch für das Unternehmen wichtig, da nur so ein Zusatznutzen geschaffen werden kann, der das Co-Branding erfolgreich macht.[149]

„Fit der Zielgruppen" beschreibt das Merkmal einer Zielgruppenüberschneidung zwischen den kooperierenden Marken. Hierbei sollten beide Marken Zielgruppen aufweisen, die wiederum zu dem anderen Markenbild passen.[150] Unter einem hohen Fit darf nicht die vollkommene Übereinstimmung verstanden werden. *Gaiser* zeigt, dass die Zielgruppe eine entscheidende Bedeutung hat. Weisen die jeweiligen Marken spezielle Käufergruppen auf, sind sie weniger erfolgreich. Es ist zu beachten, dass Zielgruppen nicht zu identisch sein dürfen, da sonst ein Ziel, nämlich neue Käufer anzusprechen, nicht erreicht werden kann. Ideal wäre eine gewisse Ähnlichkeit in der Zielgruppe um

---

145 Vgl. Baumgarth 2004a, S. 242ff

146 Vgl. Baumgarth 2004, S.180f und vgl. Burmann, Meffert, Blinda 2005, S.207

147 Vgl. Gaiser, Trittler 2005, S.457

148 Vgl. Gaiser, Trittler 2005, S.457

149 Vgl. Burmann, Meffert, Blinda 2005, S.207

150 Vgl. Baumgarth 2004, S.180f

diese gemeinsam anzusprechen und gleichzeitig eine gewisse Unterscheidung, um mit dem Co-Branding neue Verbraucher zu erreichen.[151]

Ebenso spielt die Stärke der beteiligten Marken eine wichtige Rolle, damit der Imagetransfer stattfinden kann.[152] Sie berücksichtigt die Stärke der Muttermarke vor dem Co-Branding.[153] Eine hohe Markenstärke trägt zu einer positiven Beurteilung des Co-Branding bei.

Besonders erfolgsversprechend sind diejenigen Co-Brands, bei denen die jeweiligen Partner eigenständige Kompetenzen mitbringen, die sich gegenseitig ergänzen. Aus Sicht des Verbrauchers entsteht mit diesem Co-Brand ein Nutzenzuwachs. Beispiel hierfür ist das Co-Branding von Philishave & Nivea For Men, die einen neuartigen Elektrorasierer mit gleichzeitiger Pflege auf den Markt gebracht haben.[154] Die vorhandenen Kompetenzen von Philishave (rasieren) und Nivea (pflegen) werden zu einem neuartigen Produkt kombiniert.

Neben den gemeinsamen Zielen ist auch die Wahl des Co-Brand-Partners von entscheidender Bedeutung. Ein falscher Partner führt zu Misserfolgen des Co-Branding und kann die Marken schädigen. Ein Beispiel hierfür ist das Co-Branding von Alessi und Henkel mit dem WC-Stein „Fresh-Surfer".

Eine erste Imageanalyse kommt zu dem Ergebnis, dass die Befragten einen mangelnden Fit zwischen dem Produkt und Alessi wahrnehmen, was das Imageprofil der Marke schwächt. Hingegen konnte Henkel sein Image mit Werten wie „Design, Ästhetik und Exklusivität" aufladen.[155]

Einen Überblick über die gesamten Erfolgsfaktoren zeigt das nachfolgende Schaubild.

---

151 Vgl. Gaiser, Trittler 2005, S.457

152 Vgl. Gaiser, Trittler 2005, S.457

153 Zur weiteren Ausführung zur Markenstärke vgl. Baumgarth 2004a, S.246f

154 Vgl. Baumgarth 2004, S.181

155 Vgl. Kaufmann, Wichert 2006, http://www.brainguide.at/data/publications/PDF/pub61387.pdf

Abbildung 10: Erfolgsfaktoren des Co-Branding

Quelle: Eigene Idee und Darstellung

Die Erfolgsfaktoren werden nachfolgend noch spezifiziert, indem sie nach unternehmensbezogenen, kundenbezogenen und handelsbezogenen Erfolgsfaktoren unterteilt werden.

3.6.1. Unternehmensbezogene Erfolgsfaktoren

Der Markenwert ist eine entscheidende Erfolgsgröße im Unternehmen (vgl. Kapitel zwei). Co-Branding kann dazu beitragen diesen zu steigern, indem mit dem Co-Brand größere Umsätze und Gewinne erwirtschaftet werden können.[156] Die Möglichkeit neue Zielgruppen zu gewinnen könnte zu einer Bedeutungssteigerung der Marke führen und so langfristig monetäre Erfolge bringen. Positive Spill-Over-Effekte, wie positiver Imagetransfer und Bekanntheitssteigerung in neuen Märkten, stärken ebenfalls den Markenwert und somit langfristig den Wert des Unternehmens.[157] Neben der Steigerung von ökonomischen Zielgrößen ist auch die Erhöhung der Markenstärke bedeutend, die von den Assoziationen der Konsumenten bestimmt wird. Zwei starke Marken sind erfolgreicher in der Wahrnehmung als eine Marke alleine.

---

156 Kritisch ist die Frage zur Erfolgsmessung. Hierfür müssen im Unternehmen die Voraussetzungen geschaffen werden, um Umsatz und Gewinn tatsächlich dem Co-Brand-Partner zurechnen zu können.

157 Vgl. Esch, Fuchs, Bräutigam, Redler 2001, S.764f

Markenprodukte versprechen eine hohe Qualität.[158] Die Kombination zweier starker Marken erhöht das Qualitätsversprechen für das gemeinsame Produkt, führt zu einer Stärkung und bringt monetäre Vorteile. Ferner kann mit einem Co-Brand eine neue Kundengruppe angesprochen und neue Märkte erobert werden. Mögliche Markteintrittsbarrieren können bei der richtigen Partnerwahl reduziert werden.[159] Hiermit lassen sich ebenfalls erhebliche Investitionskosten für die Markterschließung einsparen. Für die beteiligten Unternehmen reduzieren sich die Aufwendungen im Marketing-Mix. Für die jeweiligen Stammmarken des Unternehmens kann sich das Co-Branding bei einem hohen gemeinsamen Fit ebenfalls positiv auswirken. Hierbei gehen positive Rückstrahlungseffekte vom Co-Brand auf die Muttermarke über. Die Marken werden gestärkt und unter Umständen ihr Lebenszyklus verlängert.[160]

3.6.2. Kundenbezogene Erfolgsfaktoren

Das Co-Brand-Produkt, markiert mit zwei starken Marken, soll beim Konsumenten eine positive Assoziation hervorrufen und ein Qualitätsversprechen von zwei Marken garantieren. Hiermit gewinnt das Produkt einen Bekanntheits- und Vertrauensvorsprung bei den Konsumenten und initialisiert schnellere Erstkäufe.[161] Der Kunde nimmt die beteiligten Unternehmen als innovativ wahr. Ferner ist eine erweiterte Kundenansprache möglich. Die Zielgruppen des Partners sollen als potenzielle Käufer hinzugewonnen werden.[162] Co-Branding-Aktivitäten steigern die Aufmerksamkeit des Verbrauchers und können daher besonders in wettbewerbsintensiven Branchen eine besondere Betonung der Marken sein.

3.6.3. Handelsbezogene Erfolgsfaktoren

Für den Handel hat ein Co-Branding ebenfalls positive Wirkungen. Er wird bei der Vermarktung der Co-Brand-Produkte entlastet, da diese beim Verbraucher einen hohen Bekanntheitsgrad haben. Der Handel

---

158 Vgl. Kiesow 2006, S.76ff

159 Vgl. Kiesow 2006, S.76ff

160 Vgl. Kiesow 2006, S.76ff

161 Vgl. Esch, Fuchs, Bräutigam, Redler 2001, S.764f

162 Vgl. Kiesow 2006, S.76ff

wird eine höhere Listungsbereitschaft zeigen, da er die Marken kennt. Eine erhöhte Handelsakzeptanz führt für die Hersteller dazu, dass sie mit dem Co-Brand-Produkt einfacher gelistet werden können und somit der Akquiseaufwand beim Handel geringer ausfällt.[163]

3.6.4. Gegenüberstellung der Chancen und Risiken

Nach den oben erläuterten Erfolgsfaktoren die für die beteiligten Unternehmen eine Chance sind, gibt es mögliche Risiken, die beachtet werden müssen.[164] Mögliche Gefahren können für das Erweiterungsprodukt oder auch die etablierte Marke entstehen. Ein negativer Imagetransfer zwischen den Marken oder die Verwässerung der Markenimages stellen eine Gefahr dar. Hierzu zählen weiterhin die mangelnde Akzeptanz seitens der Verbraucher oder eine Konsumentenverwirrtheit, wenn Kunden die Markenpartner nicht eigenständig wahrnehmen und das Produkt daher nicht kaufen. Eine ungleiche Markenstärke aus Sicht des Kunden führt dazu, dass die Marken unterschiedlich viel Aufmerksamkeit erzielen. Das ist der sogenannte „Vampir-Effekt". Auslöser für diese ungleiche Wahrnehmung der beteiligten Marken sind Fehler bei der inhaltlichen und formalen Integration der Objekte. Für die bekannten Marken besteht ein Risiko, wenn zu schnell hintereinander verschiedene Co-Branding-Aktivitäten durchgeführt werden.[165] Die Co-Brand-Partner werden nicht als eigenständige Marke wahrgenommen. Diese Gefahr kann beispielsweise bei den verschiedenen Co-Brand-Produkten von Langnese Cremissimo der Fall sein. Hierbei gibt es Langnese Cremissimo mit Milka, Toblerone und Batida dé Cócó. Der Verbraucher nimmt dies möglicherweise als unterschiedliche Sorten oder Geschmacksrichtungen wahr, nicht aber als Co-Branding.[166]

Die Koordination in der Absprache zur Gestaltung des Co-Branding kann ebenfalls ein mögliches Risiko sein. Welche Fragen sich bei der Gestaltung stellen können, erzählt der Marketingleiter Norbert Reiter von Nestlé.[167] Im Abstimmungsprozess bei Fruity Smarties mussten beispielsweise folgende Fragen beantwortet werden: „Welche Größe

163 Vgl. Esch, Fuchs, Bräutigam, Redler 2001, S.764f

164 Die nachfolgenden Ausführungen beziehen sich auf Gaiser, Trittler 2005, S.452ff und Esch 2001, S.434f

165 Vgl. Esch, Fuchs, Bräutigam, Redler 2001, S.764f

166 Vgl. Gaiser, Trittler 2005, S.453

167 Vgl. Magerl 2003, o.S.

muss Haribo auf der Verpackung haben"? Wie wird der „gutmütige Gummibär in das bunte Smarties-Land eingeführt"? Ferner stellten sich Fragen ob Smarties durch eine Fruchtfüllung ihre Identität verlieren könnten.[168]

Mögliche Veränderungen bei einem der beiden Partner während des Co-Branding stellen ein weiteres Risiko dar. Hierzu gehören beispielsweise Änderungen in der Positionierung einer Marke, der finanziellen Situation oder die Übernahmen von anderen Unternehmen.[169]

Eine Gegenüberstellung der Chancen und Risiken zeigt die nachfolgende Tabelle.

Chancen	Risiken
- Positiver Imagetransfer - Übertragung von Vertrauen - Markenbekanntheit steigern - „Doppeltes Qualitätssiegel" - Differenzierung vom Wettbewerber - Gewinnung neuer Käufer - Gewinnung neuer Verwendungszwecke - Erschließung neuer Märkte - Kompetenzerweiterung - Monetäre Vorteile „Preispremium"	- Negativer Imagetransfer - „Vampireffekt" - Verwässerung des Markenimages - Koordination der Absprachen führt zu hohem Aufwand - Eingeschränkter Handlungsspielraum der beteiligten Partner - Veränderungen bei einer der Partnermarken

Tabelle 3: Chancen und Risiken des Co-Branding

Quelle: Eigene Darstellung in Anlehnung an Gaiser, Trittler 2005, S.454 und Boad 1999b, p.38ff

168 Vgl. Magerl 2003, o.S.

169 Vgl. Boad 1999b, p.38ff

3.7 Umsetzung und Erfolgskontrolle des Co-Branding

3.7.1. Umsetzung

Bei der Anwendung des Co-Branding steht das Unternehmen vor vielfältigen Herausforderungen. Eine sorgfältige Analyse der Ausgangssituation und eine systematische Suche nach einem geeigneten Partner können mögliche Risiken minimieren.[170] Ebenso spielt die Kommunikation der Marken eine wichtige Rolle bei der Wahrnehmung des Kunden. Die Markenkommunikation sollte die sinnvolle Verbindung der Marken betonen und dabei den Zusatznutzen für den Verbraucher klar kommunizieren. Es muss sichergestellt werden, dass Verbraucher die beteiligten Marken auch wahrnehmen. Um den Konsumenten nicht zu verwirren sollte hierbei der Beitrag der einzelnen Marke hervorgehoben werden.

Für die Gestaltung der Co-Branding-Leistung liegen bisher keine empirisch gesicherten Handlungsempfehlungen vor.[171] Ausgehend von den theoretischen Überlegungen werden nachfolgend Partnerwahl und Kommunikation näher betrachtet.

Die Partnersuche und -beurteilung ist ein mehrstufiger Entscheidungsprozess[172] und ein wichtiger Erfolgsfaktor.[173] Bei der Suche nach dem geeigneten Co-Brand-Partner ist es im Vorfeld wichtig, den Hintergrund und die Werte des möglichen Partnerunternehmens zu analysieren, um mögliche Risiken zu reduzieren.[174] Hilfreich können bestehende Geschäftsbeziehungen oder Messekontakte sein. So sind beispielsweise „gegenseitige Offenheit, Toleranz und Verständnis für die unterschiedlichen Unternehmensstrukturen" wichtige Eigenschaften eines Co-Brand-Partners zur Sicherstellung des Erfolgs.[175] Für

---

170 Vgl. Scharnowski 2006, S.85ff. Die nachfolgenden Ausführungen beziehen sich auf diese Quelle.

171 Vgl. Scharnowski 2006, S.85ff

172 Vgl. Spengel 2005, S.214ff

173 Vgl. Spengel 2005, S.214ff

174 Vgl. Boad 1999a, p.22ff und vgl. Gaiser, Trittler 2005, S.454. Vgl. Will, 2003 S.70

175 Vgl. Will, 2003 S.70

Kraft Food ist die Komplementarität der Partner eine notwendige Voraussetzung.[176]

Bei der Realisierung des Co-Branding spielen neben dem Marketingmix die Markenelemente und ihre Anordnung sowie die Kommunikation eine entscheidende Rolle. Die Anordnung der Markenelemente bezieht sich auf die Reihenfolge der Namensnennung der Marken, auf die verbale Darstellung oder die Größenverhältnisse. Die dominierende Marke beeinflusst stärker das Image des Co-Brand-Produktes und bestimmt die Preisbereitschaft.[177] Für die erfolgreiche Gestaltung des gemeinsamen Produktes ist daher die Namensstellung, sowie die Nutzung markenspezifischer Merkmale von entscheidender Bedeutung.[178] Hierzu zählt bei dem Co-Brand-Produkt Fruity Smarties, dass beide Namen (Haribo und Nestlé) in ihrem typischen Schriftzug sowie die markenspezifischen Merkmale, Smarties und der Goldbär, auf der Verpackung gedruckt sind.[179] Ein Beispiel für die verbale Anordnung zeigt die nachfolgende Abbildung.

Abbildung 11: Co-Branding Fruity Smarties

Quelle: Unternehmenshomepage Nestlé[180]

---

176 Sie machen ein Co-Branding für die Marke Miracoli mit Wiesenhof und bieten hierunter neue innovative Gerichte an. Vgl. Will, 2003 S.70.

177 Vgl. Baumgarth 2004a, S.248f

178 Vgl. Esch 2008, S.450f. Baumgarth unterscheidet bei der Gestaltung der Markenelemente zwischen einem „isolierten Branding" und einem „integrierten Branding" beider Marken. Vgl. Baumgarth 2004a, S.250

179 Die beiden Unternehmen teilen sich die Aufgaben rund um das Co-Brand-Produkt. So ist Haribo für die Produktion und Nestlé für den Vertrieb und das Marketing zuständig. Ziel der Kooperation ist es, die Marke aktuell zu gestalten und neue Verwender anzusprechen. Vgl. Will, 2003 S.70

180 Vgl. http://www.nestle-schokowelt.at/Smarties/Fruity+SMARTIES.htm

Ferner konnte festgestellt werden, dass ein Slogan, der sich auf beide Marken bezieht, einen höheren Fit und eine positivere Einstellung zum Co-Branding brachte, als wenn ein Slogan inhaltlich nur die Stärken einer Marke betonen würde.[181]

3.7.2. Erfolgskontrolle

Die Erfolgskontrolle wird in der Literatur kaum thematisiert und gestaltet sich als schwierig. Dennoch stellt sie eine wichtige Größe zur Bewertung der Kooperation dar.[182]

Dabei sollten das Co-Brand, die eigene Marke und die Partnermarke beobachtet werden, um mögliche Einflussfaktoren frühzeitig zu erkennen und zu reagieren. Hierbei wird von einer operativen Kontrolle (Vergleich von Ist-Soll-Größen) ausgegangen, deren Ergebnisse sich auf die strategische Entscheidung auswirken.

Bei der operativen Kontrolle werden die Ist-Größen mit den definierten Soll-Größen verglichen, um mögliche Abweichungen frühzeitig zu erkennen und so steuernd einzugreifen.

Neben quantitativen Kontrollgrößen[183] sollten auch qualitative Faktoren berücksichtigt werden. Hierzu zählen beispielsweise die Konsumentenmeinungen, die wertvolle Hinweise über die wahrgenommene Co-Branding-Leistung geben. Mithilfe von Konsumentenbefragungen oder über Feedbackmöglichkeiten (Hotline, Internet) können wertvolle Hinweise zur Konsumentensichtweise gegeben werden.[184] Auch die Einführung eines unternehmenseigenen Weblog (Corporate Blog) beispielsweise als Serviceblog bietet eine kostengünstige Möglichkeit Beschwerden, Anmerkungen und Vorschläge der Konsumenten zu erfahren und so Informationen über notwendige Änderungen zu erhalten.[185]

Nach der Einführung des Co-Brand-Produktes kann auch eine Konsumentenbefragung zum Image des Produktes hilfreich sein. Die Be-

181 Vgl. Baumgarth 2004a, S. 248f

182 Vgl. Scharnowski 2006, S.86ff. Die Ausführungen beziehen sich auf diese Quelle.

183 Beispielsweise die Erfassung der Abverkaufszahlen. Vgl. Himmel 2002, S.32f

184 Vgl. Kaufmann, Wichert 2006, S.26f

185 Vgl. Giudice 2007, S.56ff

obachtung der eigenen Marke sollte hinsichtlich möglicher Spill-Over-Effekte vorgenommen werden. Ferner ist die Beobachtung der Partnermarke wichtig, um mögliche Veränderungen in der Positionierung und damit Auswirkungen auf das Co-Branding festzustellen.[186]

Frühere strategische Entscheidungen zum Co-Branding werden anhand der Ergebnisse überprüft und eventuell angepasst, um daraus zukünftige Entscheidungen für diese Markenkooperation herzuleiten. Die Literatur spricht hier von Durchführungskontrolle.[187]

Bei allen Maßnahmen muss die organisatorische Verankerung des Projekts Co-Branding im Unternehmen geregelt sein, um Zuständigkeiten zuordnen zu können. Dies dient einem reibungslosen Ablauf der Erfolgsmessung.

3.8 Allgemeine Beurteilung des Co-Branding

Ein wesentlicher Vorteil ist der positive Imagetransfer der kooperierenden Marken. Beide Partner nutzen den Vertrauensbonus, den der Nachfrager mit der Marke verbindet und auf das gemeinsame Co-Brand überträgt.

Ein positiver Imagetransfer hat sowohl Vorteile auf das neue Produkt als auch auf die bestehende Marke. Diese sind beispielsweise in einer „Aufwertung der Brands", in einer Erweiterung der Kompetenz und in finanziellen Vorteilen zu finden. Die beteiligten Unternehmen stärken ihre Marktposition gegenüber dem Handel. Hierfür spielt die Markenstärke des Co-Brand-Produktes eine wichtige Rolle.[188] Weitere Vorteile sind zusätzliche Umsatzpotenziale. Das Co-Branding eröffnet möglicherweise den Eintritt in neue Märkte. Ferner kann durch das doppelte Qualitätsversprechen ein höherer Preis erzielt werden. Auch der Zusatznutzen, den ein doppelt markiertes Produkt dem Nachfrager bietet, kann ein Vorteil dieser Markenstrategie sein.[189] Unternehmen können mit dem Co-Branding eine Differenzierung vom Wettbewerb vornehmen und ein sogenanntes Preispremium erzielen. Für den Konsumenten verringert sich bei einem doppelt markierten Produkt das

---

186 Vgl. Scharnowski 2006, S.86ff

187 Vgl. Scharnowski 2006, S.86ff

188 „Newcomer" haben es schwer, bei den Konsumenten Assoziationen zu wecken und so zu dem gewünschten Imagetransfer beizutragen. Vgl. Gaiser, Trittler 2005, S.458 und vgl. Boad 1999a, p.22ff

189 Vgl. Burmann, Meffert, Blinda 2005, S.208

Kaufrisiko, er erhält ein „zweifaches Qualitätssiegel".[190] Die richtige Partnerwahl ist, wie erläutert, eine wichtige Einflussgröße für den Erfolg.

Die oftmals beschriebenen finanziellen und konsumentenorientierten Vorteile, die mit einem Co-Branding erzielt werden können, fassen *Blacket, Russell*[191] in dem Begriff „geteilter Wertegewinn" zusammen. In einer Grafik mit den Dimensionen „geteilter Wertegewinn" (vertikal) und „Dauer der Zusammenarbeit" (horizontal) ordnen sie die Markenallianzen ein. Die Grafik ist nachfolgend abgebildet.

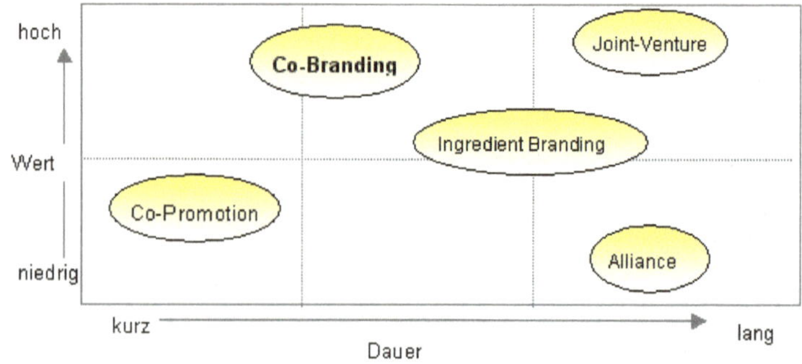

Abbildung 12: Einordnung des Co-Branding

Quelle: Eigene Darstellung in Anlehnung an Kiesow 2006, S.70 und Blacket, Russell 1999, p.7

Im Vergleich zu den anderen Markenallianzen bringt Co-Branding den Unternehmen einen hohen Wertegewinn bei einer mittelfristigen Dauer der Zusammenarbeit.

Ein fehlender Fit zwischen den Marken könnte den Erfolg des Co-Branding gefährden. Hieraus ergibt sich die Anforderung, einen Fit zwischen den beteiligten Marken herzustellen, sowie einen eindeutigen Leistungsbezug des Co-Brand aufzubauen.[192]

---

190 Vgl. Gaiser, Trittler 2005, S.452f

191 Vgl. Blacket, Russel 1999, p.18ff und Kiesow 2006, S.69f

192 Vgl. Burmann, Meffert, Blinda 2005, S.209

Mögliche negative Ausstrahlungseffekte zwischen den beteiligten Marken, sowie eine Verwässerung der Positionierung, können Nachteile des Co-Branding sein.[193] Weiter können sich mögliche Konflikte zwischen den beteiligten Unternehmen oder ein hoher Abstimmungsbedarf hemmend auswirken. Eine Veränderung der Positionierung einer der Partnermarken während des Co-Branding kann sich ebenfalls negativ auf den Erfolg auswirken.[194]

Eine Zusammenfassung möglicher Vor- und Nachteile zeigt die nachfolgende Tabelle.

Vorteile	Nachteile
- Zusätzliche Umsatzpotenziale - Erobern neuer Märkte - Zusatznutzen für Abnehmer - Geringere Investitionen für Markenaufbau - Abbau von Markteintrittsbarrieren - Erzielen eines Preispremiums - Positiver Imagetransfer	- Fehlender Fit zwischen den Marken - Konflikte zwischen den beteiligten Unternehmen - Veränderung der Positionierung der Partnermarke während des Co-Branding - Mehrfaches Co-Branding führt zum Verlust der Exklusivität von Markeneigenschaften

Abbildung 13: Vor- und Nachteile des Co-Branding

Quelle: Eigene Darstellung in Anlehnung an Baumgarth 2004, S.180

Die theoretischen Überlegungen werden nachfolgend im Praxisteil angewandt.

193 Vgl. Burmann, Meffert, Blinda 2005, S.208

194 Vgl. Baumgarth 2004, S.180

4 Das Unternehmen

Im vorliegenden Kapitel wird ein Unternehmen aus der Konsumgüterbranche, das zu einem der größten fruchtverarbeitenden Betriebe Europas gehört, kurz skizziert.[195]

Es steht sowohl für Werte wie **Qualität** als auch für **Tradition** und **Innovation**. Zu seiner Kernkompetenz gehört langjährige Erfahrung in der Zubereitung von Früchten in jeglicher Form. Die Grundlagen des Erfolgs basieren auf über Jahrzehnte erworbenem Know-How rund um die Frucht, einem hohen Qualitätsanspruch und einem herausragendem Engagement in der Forschung und Entwicklung. Innovationen zeigen sich im Unternehmen in der gesamten Produktpalette.

Es verfügt über ein vielfältiges Sortiment, sowohl im b2b- als auch im b2c-Bereich. Geänderte Konsumgewohnheiten sowie wechselnde Haushaltsstrukturen werden bei der Sortimentsgestaltung berücksichtigt. Das Unternehmen richtet seine bisherige Marketingstrategie an neue Trends und bindet hierbei gleichzeitig die bewährte Unternehmenstradition mit ein. Es produziert in einer großen Sortenvielfalt und in höchster Premiumqualität an weltweiten Standorten. Die Markenbekanntheit und das hohe Qualitätsversprechen sind ein starkes Plus.

4.1 Zielgruppe

Zur Zielgruppe gehören Kunden im b2b- und im b2c-Bereich. Kunden im b2b-Bereich sind die weiterverarbeitende Industrie wie Molkereien und das Backgewerbe. Im b2c-Bereich werden alle Endverbraucher angesprochen, vom Single über den Kleinhaushalt bis zu Großfamilien. Mit seinen Produkten möchte das Unternehmen den qualitätsbewussten Genießer erreichen.

4.2 Positionierung

Ein mögliches Kriterium für die Positionierung im Endverbraucherbereich ist der Preis. Das Unternehmen ist mit allen Preiskategorien vertreten, vom Einstiegssegment bis zum Premiumsegment.

Ein anderes Kriterium ist die Qualität, die immer wieder verbessert wird. Der Qualitätsgedanke ist eine entscheidende Möglichkeit, um sich gegen den wachsenden Anteil der Handelsmarken durchzusetzen

195 Die Ausführung basiert auf veröffentlichten Informationen und der Unternehmenshomepage. Zusätzlich trifft die Autorin eigene Annahmen.

und unabhängig vom Preis einen Wert zu schaffen. Im b2b-Bereich verfügt das Unternehmen über eine ausgeprägte Kundenorientierung. Dies zeigt sich u.a. an der engen Kooperation mit den Kunden der verarbeitenden Industrie. Die Produkte werden individuell für die Anforderungen des Kunden gefertigt. Die Positionierung aus Qualität, Tradition und Innovation kann auf alle Bereiche des Unternehmens übertragen werden.

4.3 Qualitätsversprechen

Die frühzeitige Zertifizierung nach ISO 9001 unterstreicht den langjährigen Qualitätsgedanken des Unternehmens. Das Qualitätsmanagementsystem geht über die Anforderungen der Lebensmittelgesetzgebung und EU-Verordnungen hinaus und ist nach international anerkannten Normen (DIN EN ISO 9001, sowie IFS FOOD, BRC Global Standards Food) zertifiziert.

Diese Regeln betreffen neben der Qualität in der Produktion auch die Sicherheit in der Lebensmittelverarbeitung, sowie die Hygiene und Rückverfolgung. Es werden nur ausgewählte Rohstoffe verarbeitet und erlesene Zutaten verwendet. Es kommen neueste Technologien und strenge prozessbegleitende Qualitätskontrollen mit modernen Testverfahren zum Einsatz. Der Qualitätsanspruch zeigt sich entlang der gesamten Wertschöpfungskette. Ferner verkörpert das Unternehmen ein hohes Umweltbewusstsein.

4.4 Kommunikation

Das Unternehmen macht am Point of Sale ein Dachmarkenkonzept. Gewinnspiele, Treuepunktaktionen sowie Print- und TV- Werbung gehören zur Unternehmenskommunikation. Hierbei werden im Fernsehen ausgewählte Filme gesponsert.

Es verfügt über eine differenzierte, an die Bedürfnisse der Kunden angepasste Unternehmenshomepage, die vielfältige Informationen für den Verbraucher und den Handel bereitstellt. Neben historischen Daten werden Informationen und Verbrauchertipps über die gesamte Produktpalette gegeben. Das Unternehmen tritt in einen Dialog mit den Kunden, indem es ihnen ermöglicht, mittels des Kontaktformulars Fragen zu stellen.

4.5 Marktanalyse[196]

Mit einem umfangreichen Sortiment belegt das Unternehmen vordere Plätze im Wettbewerb, es gehört zu den europäischen Marktführern. Das Unternehmen befindet sich auf einem Wachstumsmarkt.

Eine Marktanalyse, inwieweit Co-Branding im Konsumgüterbereich der Fruchtverarbeitung durchgeführt wird, wurde mithilfe der Recherche im Internet und in aktuellen Fachzeitschriften (Absatzwirtschaft, Lebensmittelzeitung) gemacht. Hierbei wurde festgestellt, dass es in diesen Marktsegmenten kein Co-Branding gibt.

4.6 Zwischenfazit

Um ein Co-Branding erfolgreich durchzuführen, muss das Unternehmen seine eigenen Stärken und Schwächen kennen.

Obige Ausführungen verdeutlichen die wesentlichen Stärken des Unternehmens. Ein Vorteil in einem möglichen Co-Branding könnte darin bestehen, dass die Fruchtkompetenz gestärkt wird und die Bekanntheit weiter positiv aufgeladen wird. Es kann ein vorteilhafter Imagetransfer zwischen den einzelnen Geschäftsfeldern des Unternehmens stattfinden.

---

196 Die Analyse beschränkt sich auf den deutschen Markt.

5 Entwicklung eines Co-Branding-Leitfadens

In diesem Kapitel wird ein Leitfaden erstellt, der zeigt, wie das Unternehmen Co-Branding zielführend anwenden könnte. Er besteht aus sieben Schritten. Zuerst wird das Ziel formuliert, um danach ein geeignetes Geschäftsfeld auszuwählen. Im dritten Schritt werden mögliche Anforderungen an einen Co-Brand-Partner definiert, um anschließend ein mögliches Kooperationsfeld zu bestimmen. Im fünften Schritt wird eine Vorauswahl möglicher Co-Brand-Partner getroffen.[197] Anhand des definierten Anforderungsprofils wird überprüft, welche Sparte (Bäckerein oder Gebäckhersteller) die Anforderungen erfüllt. In Schritt sechs wird ein Scoringmodell erstellt, mit dessen Hilfe ausgewählte Gebäckhersteller bewertet werden. Diese Ergebnisse werden vorgestellt. Den letzten Teil des Leitfadens bildet die Handlungsempfehlung.

---

197 Die Informationen zu den vorgestellten Unternehmen stammen von deren Unternehmenshomepage oder aus öffentlichen Quellen. Alle Annahmen hierzu wurden von der Autorin eigenständig getroffen.

5.1 Überblick des Co-Branding-Leitfadens

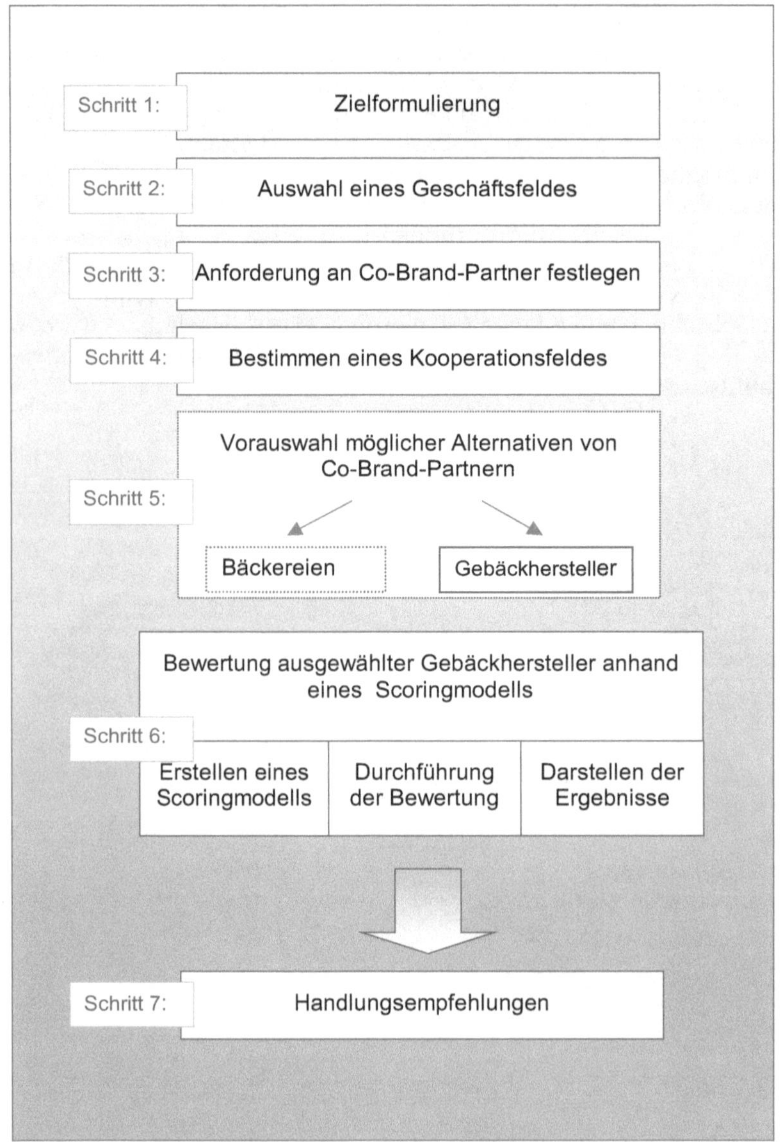

Abbildung 14: Schaubild Co-Branding-Leitfaden

5.2 Schritt 1: Zielformulierung

Grundlage für die Überlegung, welches Ziel mit einem Co-Branding verfolgt werden könnte sind die Zielformulierungen der Literatur. Für das Unternehmen werden folgende Annahmen getroffen.

Wichtigstes Ziel ist es, die Fruchtkompetenz zu stärken und die Bekanntheit positiv aufzuladen. Dies soll auch kommuniziert werden. Ferner ist die Gewinnung einer weiteren Zielgruppe interessant. Die Erhöhung des Markenwertes und ein Imagetransfer ist dem Unternehmen wichtig. Mit einem starken Partner im Gebäckbereich können zusätzliche Verwendungsmöglichkeiten geschaffen und neue Märkte hinzugewonnen werden. Auch eine Neuprodukteinführung wäre mit Co-Branding denkbar.

Es wird folgender Zielvorschlag formuliert:

Mit Co-Branding soll eine erweiterte Zielgruppe gewonnen und die Kompetenz des Unternehmens gestärkt werden.

5.3 Schritt 2: Auswahl eines Geschäftsfeldes

Ausgehend von obiger Zielformulierung wird analysiert, für welches Geschäftsfeld im Unternehmen ein Co-Branding infrage kommen könnte. Für alle Geschäftsfelder des Unternehmens gilt: Co-Branding ist bisher keine Markenstrategie.

Bei der Überlegung, für welchen Bereich ein Co-Branding angewandt werden könnte, steht für die Autorin zunächst der b2c-Bereich im Mittelpunkt. Das Unternehmen, für seine Marken beim Endverbraucher bekannt, könnte hier eventuell einen starken Partner finden und ein gemeinsames neues Produkt einführen. Bei genauerer Betrachtung der Produkte kann aber kein erkennbarer Mehrwert festgestellt werden, der bei einem Co-Branding erzielt werden könnte. Daher wird dieser Bereich nicht weiter verfolgt.

Bei der Betrachtung des b2b-Bereichs zeigt sich das Unternehmen als starke Marke und als kompetenter Partner. Es wird angenommen, dass es in diesem Geschäftsfeld eine Produktgruppe gibt, die sich für ein erfolgsversprechendes Co-Branding eignet. Es wird in Zusammenarbeit mit einem starken Partner ein neues Endprodukt für den Konsumenten geschaffen. Bei richtiger Kommunikation kann die bisherige Fruchtkompetenz beim Endverbraucher noch stärker wahrgenommen werden. Das Unternehmen könnte mit einem Co-Branding neue

Märkte erobern und die Zielgruppe erweitern. Ein positiver Imagetransfer zwischen dem Co-Brand-Produkt und den anderen Produkten des Unternehmens wäre denkbar. Generell erhöht sich bei einer erfolgreichen Kooperation der Markenwert.

5.4 Schritt 3: Anforderungen an Co-Brand-Partner festlegen

Eine entscheidende Bedeutung für eine erfolgreiche Markenallianz ist die richtige Partnerwahl.[198] Die Annahmen, die für eine Markenallianz gelten, werden auf das Co-Branding übertragen. Eine zwingende Voraussetzung ist die „Kenntnis der eigenen Markenstärke". Die Stärken des Unternehmens wurden in Kapitel vier herausgearbeitet. Bei der Partnerwahl ist die Analyse der Markenstärke (Markenbekanntheit und Markenimage), sowie eine Überprüfung der Imageverträglichkeit von herausragender Bedeutung. Diese Faktoren werden bei der Bewertung berücksichtigt. Nach *Esch* ist weiterhin die Analyse, wie hoch der „eigenständige und relevante" Unternehmensbeitrag zur Kooperation ist, entscheidend. Sinn und Zweck einer Selbstanalyse ist es, eine Grundlage für die Partnerwahl zu schaffen. Sie ist sinnvoll, um sich selbst aber auch dem potenziellen Co-Brand-Partner ein Bild des Unternehmens zu vermitteln. Die Frage, welche Kompetenzen das Unternehmen in eine Kooperation einbringt wurde im Unternehmensportrait erläutert. Ein genau auf den Co-Brand-Partner zugeordneter Beitrag muss im Falle einer Kooperation von Unternehmensseite festgelegt werden.

Die Eigenschaften, die ein möglicher Co-Brand-Partner mitbringen sollte, orientieren sich an Vorschlägen aus der Literatur und aus Überlegungen der Autorin. Zuerst werden die Anforderungen erläutert und ein Wunschprofil erstellt. In einem nächsten Schritt werden innerhalb des Wunschprofils Muss-Kriterien definiert die zwingend erforderlich sind.

198 Vgl. Esch 2008, S.449f

5.4.1. Erstellen eines Anforderungsprofils

Um ein mögliches Wunschprofil festzulegen, trifft die Autorin Annahmen indem Sie sich in die Situation des Unternehmens versetzt. Es ist sehr wichtig, dass die Qualität der Produkte, die das Partnerunternehmen herstellt, hoch ist, und dass es sich um eine starke, überregionale Marke handelt. Um die Kompetenz überregional zu stärken ist das Merkmal überregional daher wichtiger als regional.

Ebenso spielt eine große Zielgruppenübereinstimmung sowie die Möglichkeit, die Zielgruppe zu erweitern, eine wichtige Rolle. Eine ähnliche Positionierung, ein hoher Markenfit und gemeinsame Ziele beider Unternehmen sind sehr bedeutend.

Eine ähnliche Unternehmenskultur, vergleichbare Werte sowie eine hohe Innovationsfähigkeit wären wünschenswerte Kriterien für einen Co-Brand-Partner. Die Produkte sollten beim Konsumenten eine große Relevanz haben. Das Sortiment sollte groß sein, und das Co-Brand-Produkt nicht zu einem saisonalen Artikel gehören, da die Marke im Ganzjahressortiment gestärkt werden soll.

Wichtig ist weiterhin, dass beide Unternehmen nicht in einer Konkurrenzbeziehung zueinander stehen oder dass der potenzielle Co-Brand-Partner kein Co-Branding mit einem Wettbewerber macht. Es wird mindestens eine gleichberechtigte Partnerschaft angestrebt. Erfahrungen aus bisherigen Geschäftsbeziehungen spielen keine Rolle. Anhand der Annahmen wird ein „Wunschprofil" des möglichen Partners erstellt:

- Spitzenqualität
- Überregionale, starke Marke im Endverbraucherbereich
- Kernkompetenz
- Hersteller im Gebäckbereich
- Gemeinsame Ziele
- Übereinstimmung bei:
    - Markenfit
    - Positionierung
    - Unternehmenskultur
- Zielgruppe ähnlich und erweiterbar
- Innovatives Unternehmen
- Relevanz der Produkte beim Konsumenten
- Keine anderen Co-Branding-Aktivitäten während des Co-Branding
- Bis zu einem Jahr nach Beendigung der Kooperation kein Co-Branding mit möglichen Wettbewerbern des jeweiligen Co-Brand-Partners (Wettbewerbsklausel)

- Keine Konkurrenzsituation
- Gleichberechtigte Partnerschaft

5.4.2. Definition von Anspruchskriterien

Anhand obiger Beschreibung werden „Muss-Kriterien" in einem Anforderungsprofil erstellt, das der Vorselektion dient. Hierbei werden Regeln zur Vorauswahl festgelegt, die von einem möglichen Co-Brand-Partner zwingend erfüllt werden müssen. Ist dies nicht der Fall, wird er nicht in die spätere Bewertung einbezogen.

Regel Nr.:	Muss-Kriterium
1	Hohe Produktqualität
2	Überregionale, starke Marke für den Endverbraucher
3	Gebäckkompetenz
4	Keine Konkurrenzbeziehung zwischen den Unternehmen
5	Der mögliche Co-Brand-Partner macht keine Kooperationen mit Wettbewerbern der Branche

Tabelle 4: Regeln zur Vorauswahl

Quelle: Eigene Idee und Darstellung

5.5 Schritt 4: Bestimmung eines Kooperationsfeldes

Mögliche Kooperationspartner können im Bereich Non-Food oder Lebensmittel gesucht werden. Bei einem Co-Branding mit einem Non-Food-Hersteller besteht keine Ähnlichkeit in den bisherigen Produkten beider Unternehmen. Es kann also kein gemeinsamer Produktfit erreicht werden. Eine Zusammenarbeit im Non-Food-Bereich könnte über Lizenzierung oder Co-Promotion gemacht werden. Für Co-Branding ist die Branche nicht geeignet.

Um einen hohen Produktfit zu erreichen wird ein möglicher Partner innerhalb der Lebensmittelbranche gesucht. Hier gibt es eine Vielzahl an starken Marken. Es können nicht alle Bereiche überprüft werden, ob sie einen geeigneten Co-Brand-Partner bieten. Daher wird die Auswahl eines geeigneten Kooperationsfeldes auf den Süßwarenmarkt begrenzt.

Ein wachsender Markt mit zahlreichen Erfolgsbeispielen für Co-Branding ist der Süßwarenmarkt.[199] Der Umsatz stieg in der gesamten Branche für das Jahr 2008 um 4% auf 13,9 Mrd. Euro. Für feine Backwaren liegt eine Umsatzsteigerung von 4,9% vor.[200] Der ansteigende Pro-Kopf-Verbrauch im gesamten Süßwarenmarkt für 2008 zeigt weiterhin, dass es sich um einen wachsenden Markt handelt. Wie nachfolgende Abbildung zeigt, ist der Pro-Kopf-Verbrauch im Schokoladenmarkt mit einem Anteil von 46,65% am größten, gefolgt von feinen Backwaren mit 23,81% und Zuckerwaren mit einem Konsum von 18,68%.[201]

---

199 Der Süßwarenmarkt wird im Branchenbericht der Gewerkschaft Nahrung-Genuss-Gaststätten (NGG) weiter gefasst als beim statistischen Bundesamt. Hierbei gehören folgende Branchen zum Süßwarenmarkt: „Herstellung von Süßwaren im engeren Sinne, die Herstellung von Speiseeis und die Herstellung von Dauerbackwaren (Feine Backwaren)". Die Umsätze der Süßwarenindustrie i. e. S. stiegen von 2007 bis 2008 um 3,5 %, die der Dauerbackwarenindustrie um 4,9 % und die der Branche Herstellung von Speiseeis um 5,0 %". Vgl. Branchenbericht 2008 der Süßwarenindustrie, S.2ff unter: http://www.ngg.net/branche_betrieb/suesswaren/branchen_info/bb_info_suess_lang.pdf

200 Vgl. Branchenbericht 2008 der Süßwarenindustrie, unter: http://www.ngg.net/branche_betrieb/suesswaren/branchen_info/bb_info_suess_lang.pdf

201 Zu ähnlichen Ergebnissen kommt auch der Branchenbericht 2008 der Süßwarenindustrie. Der Schokoladenmarkt hat einen Anteil von 26,8% an der Produktion und damit den größten Anteil. An zweiter Stelle stehen die feinen Backwaren mit einem Anteil von 20,5% an der Produktion. Vgl. Branchenbericht 2008 der Süßwarenindustrie, S.2ff unter: http://www.ngg.net/branche_betrieb/suesswaren/branchen_info/bb_info_suess_lang.pdf

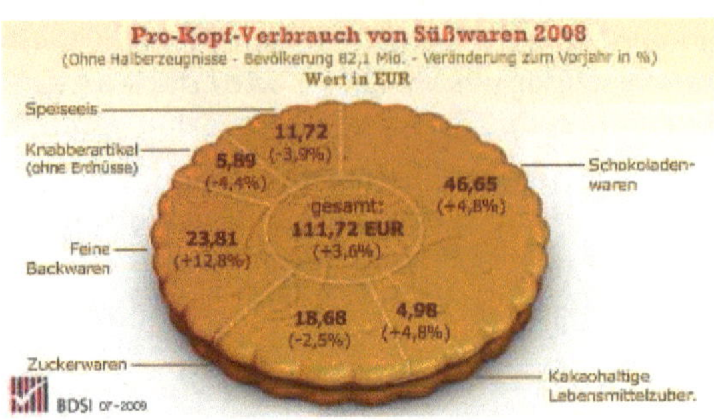

Abbildung 15: Pro-Kopf-Verbrauch von Süßwaren im Jahr 2008

Quelle: Unternehmenshomepage Griesson - de Beukelaer[202]

Der Schokoladenmarkt wird als mögliches Kooperationsfeld ausgeschlossen. Es können starke Marken im Schokoladenmarkt mögliche Wettbewerber des Unternehmens im Süßwarenbereich oder bei saisonalen Artikeln sein. Dies spricht gegen einen Partner aus dem Schokoladenmarkt.

Für den Bereich „Feine Backwaren" ist die industrielle Fertigung in den letzten Jahren kontinuierlich gewachsen. Das Produktionsvolumen stieg hierbei über die Jahre auf aktuell 770.000 Tonnen für das Jahr 2008.[203] Die Zahlen im Zeitverlauf liefert die nachfolgende Grafik.

---

202 Das Zahlenmaterial stammt vom Bund deutscher Süßwarenindustrie, Griesson - de Beukelaer hat es visualisiert. Vgl. Unternehmenshomepage GdB, http://www.griesson-debeukelaer.de/unternehmen/zahlen-daten-fakten/pro-kopf-verbrauch/

203 Vgl. Artikel: o.V. Markt für Feine Backwaren wächst moderat, in: Brot und Backwaren 3/2008, http://www.backwelt.de/archiv/items/article_arch_10119.html

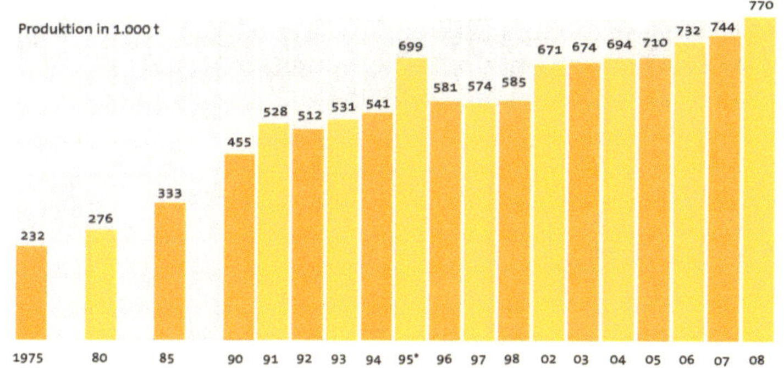

Abbildung 16: Produktion von Feinen Backwaren im Zeitverlauf

Quelle: Homepage Bundesverband der deutschen Süßwarenindustrie[204]

Eine detaillierte Aufteilung der Produktionszahlen zeigt in der nachfolgenden Abbildung, dass 372,2 Tausend Tonnen auf „Kakaohaltige Kekse und ähnliches Kleingebäck" entfallen und 164,6 Tausend Tonnen auf „Kekse und ähnliches Kleingebäck, gefüllt".[205] Hierbei liegt insgesamt eine Steigerung von 9,1% vor.

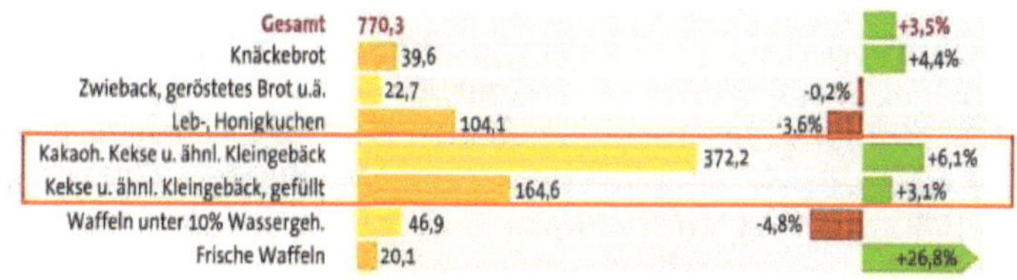

Abbildung 17: Produktionsmengen (in Tausend) für Feine Backwaren

Quelle: Homepage Bundesverband der deutschen Süßwarenindustrie[206]

---

204 Vgl. http://www.bdsi.de/de/zahlen_fakten/feine_backwaren.html

205 Mengenmäßig auf Platz drei liegen Leb- und Honigkuchen mit einer Menge von 104,1Tausend Tonnen, allerdings liegt hier ein Rückgang von 3,6% vor. Ebenfalls rückläufig mit 4,8% sind „Waffeln unter 10%Wassergehalt" und Zwiebäcke mit einem leichten Rückgang von 0,2%.

206 Vgl. http://www.bdsi.de/de/zahlen_fakten/feine_backwaren.html

Hinter diesen beiden Bereichen steht ein Geldwert von 1703,3Tausend Euro.[207] Es gibt im Süßgebäckmarkt kein Co-Branding. Ein mögliches Beispiel „Milky-Way-Hörnchen und Kuchenmeister" sind kein Co-Branding, sie werden in Lizenz hergestellt.[208]

Obige Ausführungen zeigen, dass der Markt „Feine Backwaren" infrage kommen könnte. Daher konzentriert sich die Auswahl möglicher Kooperationspartner auf Bäckereien oder Gebäckhersteller.

5.6 Schritt 5: Vorauswahl möglicher alternativer Co-Brand-Partner

Anhand des Anforderungsprofils werden zuerst Bäckereien und danach Gebäckhersteller überprüft, inwieweit sie die definierten Anforderungskriterien erfüllen.

5.6.1. Vorauswahl möglicher Bäckereien

Auf dem deutschen Markt gibt es 14.500 Betriebe des Bäckerhandwerks.[209] Dazu gehören bekannte regionale aber auch überregionale Marken.

Ein Muss-Kriterium ist die Anforderung überregionale Marke. Daher werden nur überregionale Partner gesucht. Es wird überlegt, welche Bäckereien überregional vertreten und auch eine starke Marke sind. Um eine breite Zielgruppe zu erreichen, muss die Bäckerei über die Region hinaus bekannt sein, und einen entsprechend starken Absatzweg haben.

Ein Blick in die Tabelle der „100 umsatzstärksten Backwarenanbieter von 2007" zeigt keine Bäckereien, sondern industrielle Großbäcker wie beispielsweise den Barilla Konzern (incl. Bäckerei Kamps) oder

---

207 Die Verteilung der monetären Größen ist im Anhang dargestellt.

208 Nach Aussage seitens des Unternehmens handelt es sich bei den Milky-Way-Hörnchen um kein Co-Branding, sondern um eine Herstellung in Lizenz. Eine Abbildung ist im Anhang.

209 Vgl. Homepage Backwelt, http://www.backwelt.de/newsview/items/baeckerhandwerk-mit-stabilen-umsaetzen.html

Harrybrot als führenden Anbieter.[210] Überregional agieren Bäckereiketten wie der Marktführer im SB-Bereich BackWerk[211] oder auch Backfactory[212] und Mr. Backer.[213]

Die Grundidee von Backwerk[214] ist: „Backwaren in Bäcker-Qualität, laufend frisch gebacken und zu unschlagbar günstigen Preisen", anzubieten.[215] Diese Grundidee kommunizieren alle SB-Bäckereiketten auf ihrer Homepage. In einem von Öko-Test durchgeführten „Qualitätstest" von Juli 2008[216] schneiden SB-Bäcker in der Regel gut ab und liegen mit dem Ergebnis deutlich vor übrigen Bäckereiketten wie „Kamps" oder „Wiener Feinbäcker".[217]

Die SB-Bäcker haben einen steigenden Filialanteil. Hieran ist ein deutschlandweiter Trend hin zur Filialisierung des Bäckerhandwerks, weg vom klassischen traditionellen Handwerksbäcker, zu erkennen.

Der überwiegende Discountgedanke, kommuniziert auf der Homepage, und die Gestaltung der Ladenlokale, widerspricht der gesamten Positionierung des Unternehmens. Eine Kooperation mit einer Bäckereikette unter diesen Bedingungen würde die Marke schwächen. Es

---

210 Vgl. O.V. Bäckereizeitung BackBusiness, 13.Juni 2009, S.11ff. Eine Abbildung der stärksten 19 ist im Anhang.

211 Zur näheren Information vgl. Unternehmenshomepage Backwerk: http://www.back-werk.de/

212 Backfactory ist eine Tochter der Harry-Brot. Sie gehört somit zu einem der größten Brotbäckereien in Deutschland. Vgl. Unternehmenshomepage Backfactory und http://www.franchise-net.de/franchise_franchising/Fuer-Existenzgruender/Franchise-Gruendungs-Know-How/Erfolgreiche-Franchise-Branchen/E12434.htm und http://www.wer-zu-wem.de/firma/Back-Factory.html

213 Vgl. http://www.franchise-net.de/franchise_franchising/Fuer-Existenzgruender/Franchise-Gruendungs-Know-How/Erfolgreiche-franchise-Branchen/E12434.htm

214 Backwerk hat 160 Filialen bundesweit, ein Umsatz von 70 Mio. Euro und ein starkes Wachstum. Es garantiert seit Jahren eine „Gentechnik-Freiheit" für seine Produkte, bekennt sich zum „Reinheitsgebot für Brot" und hat ein Bio-Sortiment.

215 Vgl. http://www.back-werk.de/137-0-Qualitaet.html

216 Vgl. o.V. Öko-Test prüft Bäckereiketten, http://www.franchisestarter.de/news/news-einzelansicht/news/oeko-test-prueft-baeckerei-ketten/ In den Backwaren wurden zum Teil giftige, krebserregende Stoffe festgestellt. Vgl. o.V. Giftiges vom Bäcker, http://handwerk.com/service/archiv/giftiges_brot.htm

217 Bei diesem Test wurden neben SB-Bäckereien auch Bäckerei-Ketten wie „Wiener Feinbäcker" oder „Kamps" getestet.

könnte keine gemeinsame Übereinstimmung in der Markenkommunikation oder im Markenauftritt gefunden werden. Die obigen Ausführungen zeigen, dass das Ziel derzeit nicht mit Bäckereiketten verfolgt werden kann. Daher wird diese Branche nicht näher untersucht.

5.6.2. Vorauswahl möglicher Gebäckhersteller

Es gibt eine Vielzahl an Gebäckherstellern. In der allgemeinen Definition ist Gebäck der Oberbegriff für süße oder salzige Backwaren.[218] Unternehmen die diese Produkte herstellen sind Gebäckhersteller. Diese Definition wird in dem vorliegenden Buch zugrunde gelegt. Es wird die Annahme getroffen, dass nur süße Backwaren eine Produktgruppe sind, mit der ein Co-Branding gemacht werden kann. Unternehmen, die selber kein Gebäck im Sinne obiger Definition herstellen, fließen nicht in die Bewertung mit ein.

Ein Blick in die Ausstellerliste der ANUGA für den Bereich Backwaren oder Mitglieder des Verbandes der Süßwarenindustrie[219] (Rubrik: Feine Backwaren) bieten einen Anhaltspunkt über den Markt der Gebäckhersteller.[220] Weiterhin fließen Brainstormingergebnisse (Studentengruppe, privater Bereich der Autorin) und eigene Überlegungen mit ein. Ferner zeigt die Abbildung „Top-Ten der Süßgebäckwarenhersteller" ein Unternehmensranking anhand der Marktanteile nach Absatzzahlen. Diese „Top-Ten" haben zusammen einen Marktanteil von 29%. Der übrige Marktanteil[221] entfällt auf den Handel mit seinen Eigenmarken (ca.50%). Die restlichen Prozente entfallen auf viele kleine Hersteller.

---

218 Vgl.http://www.lebensmittellexikon.de/g0000890.php

219 Vgl.http://www.bdsi.de/de/mitglieder/mitgliederliste /mk_feine_backwaren/

220 Ausgewählte Hersteller für diesen Bereich sind im Anhang aufgelistet.

221 Diese Informationen stammen von Unternehmensseite. Der Handel produziert dabei nicht selber, er lässt von den Industrieunternehmen produzieren. Gerade im Süßgebäck- und Schokoladenmarkt ist der Anteil der Handelsmarken sehr hoch.

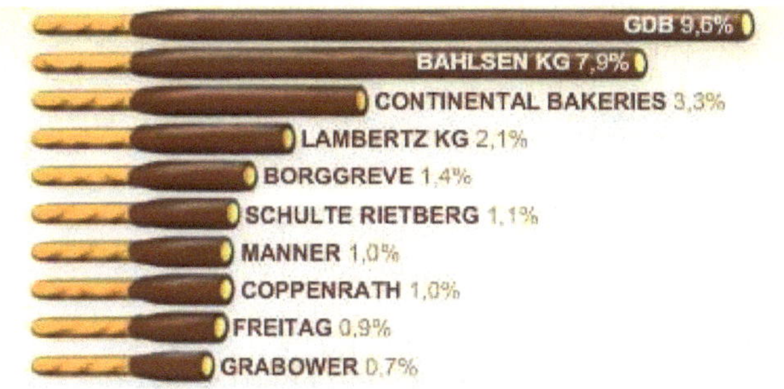

Abbildung 18: Top-Ten der Süßgebäckwarenhersteller

Quelle: Unternehmenshomepage Griesson - de Beukelaer[222]

An erster Stelle steht Griesson - de Beukelaer (GDB) mit einem Marktanteil von 9,6%, gefolgt von Bahlsen (7,9%), Continental Bakkeries (3,3%) und Lambertz an vierter Stelle mit 2,1%. Einen Marktanteil von 1,4% erreicht Borggreve, dahinter liegen Schulte Rietberg mit 1,1% und Manner sowie Coppenrath erreichen 1,0%. Einen niedrigeren Marktanteil erreichen Freitag (0,9%) und Grabower (0,7%).

Es ist in diesem Buch nicht möglich, alle Unternehmen in einem Unternehmensprofil vorzustellen und diese anhand der Anspruchskriterien zu überprüfen, ob sie ein geeigneter Co-Brand-Partner wären. Es werden exemplarisch diejenigen ausgewählt, die starke, überregionale Marken im Süßgebäckmarkt produzieren und Gebäckkompetenz im Sinne obiger Definition haben. Hersteller, die für fremde Markenunternehmen oder den Handel produzieren, werden ausgeschlossen. Hierauf werden die im Brainstorming genannten Marken und Unternehmen überprüft.

---

222 Vgl.http://www.griesson-debeukelaer.de/unternehmen/zahlen-daten-fakten/top-10-suessgebaeckhersteller/. Zu beachten ist, dass Bahlsen einen erheblichen Marktanteilsverlust in Kauf genommen hat, indem das Unternehmen über Monate den Handel nicht belieferte, und so einen Preisdruck durchsetzen wollte. Vgl. Brück, Mario, Keksherstelller Bahlsen boykottiert Handelskonzerne, http://www.wiwo.de/unternehmen-maerkte/keksherstelller-bahlsen-boykottiert-handelskonzerne-308162/

Keine Süßgebäckhersteller sind die im Brainstorming genannten Unternehmen Wasa[223] und Kellogg.[224] Auch Unternehmen wie KraftFood,[225] Nestlé,[226] Ferrero[227] und Mars[228] haben zwar starke Marken im Süßwarenbereich aber nicht im Süßgebäck. Dazu gehört auch Coppenrath und Wiese,[229] eine Konditorei, die ihre Torten und Kuchen in die Tiefkühltruhen des Einzelhandels liefert, aber kein Gebäck herstellt. XOX,[230] Ültje,[231] und Lorenz[232] sind im Salzgebäckmarkt präsent, Barry-Callebaut[233] im Schokoladenmarkt.

Haeberlein Vereinigte Nürnberger Lebkuchen-, Keks- und Schokoladenfabrik GmbH und die Max Weiss Lebkuchenfabrik, Neu-Ulm GmbH gehören zur Unternehmensgruppe Lambertz[234] und werden daher nicht einzeln bewertet. Kuchenmeister[235] ist ein in Soest produzierendes Unternehmen. Das Sortiment umfasst u.a. Kuchen,

---

223 Wasa ist Teil des Barilla Konzerns und ist weltweit als der größte Hersteller von Knäckebrot bekannt. Vgl.http://www.wasa.com/de/aktuelles/

224 Vgl. Unternehmenshomepage Schulte, http://www.schulte-feingebaeck.de/

225 Vgl. Unternehmenshomepage KraftFood, http://www.kraftfoods.de/kraft/page?PagecRef=1

226 Vgl. Unternehmenshomepage Ferrero, http://www.ferrero.de

227 Ferrero mit seinen starken Marken wie (Ferrero Küsschen, Mon Chéri, Rocher, Raffaello und der Kinderserie), Vgl. http://www.wer-zu-wem.de/firma/Ferrero.html

228 Vgl. Unternehmenshomepage Mars, http://rd.mars.com/Germany/de/Our+brands/Chocolate.htm (Snickers, Twix)

229 Vgl. Unternehmenshomepage Coppenrath und Wiese,
http://www.coppenrath-wiese.de/24.php. Coppenrath und Wiese macht Co-Branding mit Baileys. Vgl. http://www.coppenrath-wiese.de/154.php

230 Vgl. Unternehmenshomepage XOX, http://www.xox-group.com/

231 Vgl. Unternehmenshomepage, Ültje, http://www.ueltje.de/unternehmen/das-unternehmen-ueltje

232 Vgl. Unternehmenshomepage Lorenz, http://www.lorenz-snack-world.de/content/de/001startseite.php

233 Vgl. Unternehmenshomepage Barry Callebaut, http://www.barry-callebaut.com/3885

234 Vgl. Unternehmenshomepage Lambertz, http://www.lambertz.de/

235 Vgl. Unternehmenshomepage Kuchenmeister,
http://www.kuchenmeister.de/

Torten, Waffeln, Frischeteige, allerdings kein Gebäck im Sinne obiger Definition.[236]

Continental Bakeries[237] produziert für Markenartikler oder Handelsmarken.[238] Es ist also ein Hersteller, der keine eigenen Marken hat und kommt daher ebenfalls nicht in die engere Wahl. Marken werden nicht einzeln bewertet. Daher fließen Mövenpick[239] und Delacre[240] nicht einzeln ein.

Für die Vorauswahl werden exemplarisch die BRANDT Zwieback-Schokoladen GmbH & Co. KG, sowie aus den Top-Ten Bahlsen GmbH&Co.KG, Griesson - de Beukelaer GmbH & Co. KG (GdB), Lambertz und Coppenrath Feingebäck GmbH festgelegt.[241]

5.6.2.1. Vorstellen und Überprüfen ausgewählter Gebäckhersteller

Nachfolgend werden die oben ausgewählten Unternehmen in alphabetischer Reihenfolge anhand eines Unternehmensprofils vorgestellt und überprüft, inwieweit sie das Anforderungsprofil erfüllen.

Das Unternehmen **Bahlsen**[242] steht seit Generationen für „Genuss und Lebensfreude". Das erfolgreiche Familienunternehmen wurde

---

236 Kuchenmeister produziert in Lizenz für Mars Milky-Way-Hörnchen. Vgl. http://www.kuchenmeister.de/frameset/index.php

237 Vgl. Unternehmenshomepage http://www.continentalbakeries.com /de/home/

238 Continental Bakeries ist eine europäische Bäckereigruppe, die sich „auf die Produktion und den Verkauf von Gebäck, Kuchen & Keksen und brotähnlichem Gebäck spezialisiert hat." Der Schwerpunkt des Unternehmens liegt in der Produktion von sogenannten Hausmarken. Vgl. http://www.continentalbakeries.com/de/uber-uns/profil/.

239 Mövenpick wird seit Mai 2006 in Lizenz von Griesson - de Beukelaer produziert. Laut Aussage von Griesson - de Beukelaer

240 Delacre ist eine Marke von United Biscuits. Vgl. Unternehmenshomepage Delacre: http://www.delacre.de/index.php?id=5

241 Nachfolgend werden diese Unternehmen ohne Angabe der Rechtsform genannt.

242 Die Informationen beziehen sich, soweit nicht anders gekennzeichnet, auf die Unternehmenshomepage,

http://www.bahlsen.com/unternehmen/ueber-uns/ und auf die Pressemitteilung http://www.bahlsen.com/presse/pressemitteilungen/

1889 von Hermann Bahlsen gegründet und wurde 1891 bekannt mit seinem „Leibniz-Cakes". Im Laufe der Zeit wurde die Palette um viele Süßwarenprodukte und um Salzgebäck erweitert.

Seit 1993 werden die Unternehmensbereiche in „süß" und „salzig" unterschieden und im Jahr 1999 entstanden unabhängige Gesellschaften: Bahlsen (Süßgebäck) und Lorenz (Snack-Produkte).[243] Das Unternehmen Bahlsen hat einen Bekanntheitsgrad von 99. „Es ist so bekannt wie der Kanzler".[244]

Seit 2002 verfolgt Bahlsen eine neue Markenstrategie: Bahlsen und Leibniz werden zur Dachmarke und prägen ab jetzt den internationalen Auftritt des Unternehmens. Die beiden Marken werden neu positioniert. Seitdem steht Bahlsen für „die tägliche Verwöhnung" und Leibniz für „den kleinen Hunger zwischendurch".[245] Grund für diese Neuausrichtung war die Markenstärke des Unternehmens Bahlsen im Keksmarkt. Dieses Kapital sollte neu genutzt werden, um am Markt weniger austauschbar zu sein. Heute ist Bahlsen Marktführer in Deutschland und europaweit führender Anbieter im Süßwarengebäck.[246] Diese starke Position konnte das Unternehmen im Jahr 2008 erneut ausbauen und erreichte einen Marktanteil von 22%.[247] Das Sortiment umfasst Gebäck, Kuchen, Genuss für Diabetiker sowie Herbst- und Weihnachtsgebäck und zeichnet sich durch „unverkennbaren Geschmack und gleichbleibend hohe Qualität" aus. Der Qualitätsan-

---

oder die Unternehmenschronik unter http://www.bahlsen.com/chronik.pdf.

243 Die dritte Gesellschaft besitzt Immobilien und Finanzdienstleistungsgeschäfte.

244 Vgl. Röll, Sybille,
http://www.pressrelations.de/new/standard/result_main.cfm?pfach=1&n_firmanr_=113126&sektor=pm&detail=1&r=171274&sid=&aktion=jour_pm&quelle=0

245 Vgl. Unternehmenshomepage
http://www.bahlsen.com/unternehmen/ueber-uns/ und Reich, Helmut, http://www.manager-magazin.de/unternehmen/artikel 0,2828,467854,00.html. und vgl. Röll, Sybille, http://www.pressrelations.de/new/standard/result_main.cfm?pfach=1&n_firmanr_=113126&sektor=pm&detail=1&r=171274&sid=&aktion=jour_pm&quelle=0. Zu der Positionierung von Brandt-Keksen wird auf der Homepage keine Angabe gemacht.

246 Zum Unternehmen gehören auch nationale Marken wie Brandt-Kekse (Deutschland), Kornland (Österreich) und Krakuski (Polen). Die Gebäcksparte von Brandt wurde 1995 von Bahlsen übernommen.

247 Vgl. http://www.bahlsen.com/presse/pressemitteilungen/

spruch bezieht sich bei Bahlsen auf alle Unternehmensbereiche. Ausgehend von der Auswahl der Rohstoffe, über die Produktion, bis hin zur Verpackung und Auslieferung, kennzeichnet die gesamte Wertschöpfungskette den Qualitätsgedanken im Unternehmen. Eine große Stärke des Unternehmens ist die Innovationsfähigkeit, Veränderungen zu erkennen und Trends zu entdecken. Das Unternehmen investiert hierfür in intensive Forschung und Entwicklung. Als erfolgreichste Innovation im Süßgebäckmarkt wurden zwei Produkte gewählt, jeweils von der Marke Bahlsen und Leibniz.[248]

Die Marke Bahlsen wird konsequent weiter zur Genussmarke ausgebaut und seit 2008 als hochwertige Premiummarke positioniert. Es wird hierfür weniger auf Sponsoring gesetzt, sondern verstärkt für die Produkte geworben. Mit neuen Geschmacksrichtungen (Ohne Gleichen als Cappuccinoversion) sollen neuartige Trends umgesetzt und auch eine jüngere Zielgruppe angesprochen werden.[249]

Die Marke Leibniz, zu der auch der bekannte Butterkeks gehört und der Riegel Pic-Up, setzt ebenfalls auf Innovationen, dabei auf eine jüngere Zielgruppe. Die Unternehmensmission lautet: „Wir versüßen das Leben".

Diese Beschreibung zeigt, dass die Muss-Kriterien alle erfüllt werden. Das Unternehmen Bahlsen hat mit allen Marken eine hohe Produktqualität. Es ist ein starkes, überregionales Unternehmen mit bekannten Marken. Eine seit Generationen starke Kernkompetenz zeichnet das Unternehmen aus. Es steht in keiner Konkurrenzbeziehung zum beschriebenen Unternehmen und macht kein Co-Branding. Bahlsen wird daher bei der Bewertung berücksichtigt.

Im Jahr 1912 wurde der Grundstein zum Unternehmen **Brandt**[250] gelegt, indem ein Bäckermeister Zwieback und Biscuit in hoher Qualität anbieten wollte. Zum heutigen Unternehmen BrandtZwieback gehört das Geschäftsfeld Zwiebäcke, mit denen das Unternehmen im Jahr 2008 einen Umsatz von 60 Mio. Euro erwirtschaftete.[251] Es erreicht

---

248 Vgl. http://www.bahlsen.com/presse/pressemitteilungen/

249 Vgl. Röll, Sybille, http://www.pressrelations.de/new/standard/result_main.cfm?pfach=1&n_firmanr_=113126&sektor=pm&detail=1&r=171274&sid=&aktion=jour_pm&quelle=0

250 Vgl. Unternehmenshomepage Brandt, http://www.brandt-gmbh.de/

251 Die anderen Geschäftsfelder sind Snacks und Knäckebrot sowie Schokolade. Hier stellt das Unternehmen im Auftrag großer Schokoladenproduzenten

hiermit einen Marktanteil von 80%. Bekannt ist das Unternehmen für seinen Klassiker, den Brandt Markenzwieback, der wiederum in mehreren Sorten angeboten wird. Als Zielgruppe werden primär Familien und Kinder gesehen. Dies lässt sich besonders vermuten, weil Brandt die Kampagne „mehr Zeit für Kinder" unterstützt.[252] Allerdings sollen mit Zwieback auch gesundheitsbewusste Personen angesprochen werden. Brandt hat zwei neue Produkte im Snackbereich - Knabberhäppchen und Knusperhörnchen.[253]

BrandtZwieback ist eine starke Marke. Die Konsumenten verbinden mit Zwieback die Marke Brandt und das lächelnde Kindergesicht auf der Verpackung.[254] Es werden nur hochwertige Rohstoffe (Mehl aus kontrolliertem Anbau, jodiertes Speisesalz) verwendet. Es ist davon auszugehen, dass eine starke Marke die europäischen Qualitätskriterien erfüllt.

Brandt steht in keiner Wettbewerbsbeziehung zum untersuchten Unternehmen und macht kein Co-Branding. Obige Ausführungen zeigen, dass Brandt-Zwieback die Anforderungen erfüllt. Es passt daher in die Bewertung.

Die Eröffnung der Landbäckerei Coppenrath im Jahr 1825 legt den Grundstein für das heutige Unternehmen. **Coppenrath Feinbäcker**[255] ist als „Qualitätsmarke im Feingebäckmarkt" bekannt. Das Unternehmen legt Wert auf Qualität, die Verantwortung für Mitarbeiter und die Zufriedenheit der Kunden. Ihre Qualitätsorientierung zeigt sich in

---

Süßwaren und insbesondere Schokoladenhohlkörper u.a. für Milka her. Vgl. http://www.brandt-zwieback.de/index .php?PHPSESSID=58ieedlbdbv10udd6up9abojc8sjlart&seid=140.
Die Gebäcksparte von Brandt wurde an Bahlsen verkauft. (Vgl. Unternehmenshomepage Bahlsen)

252 Vgl. http://www.brandt-gmbh.de/index.php?seid=134

253 Vgl.http://www.brandt-zwieback.de/index.php?PHPSESSID=fmas0v7t 3h57n73fkoihs7gllg1muvpp&seid=9&PHPSESSID=fmas0v7t3h57n73fkoihs7 gllg1muvpp&LANG=en

254 Vgl.http://www.brandt-zwieback.de/index.php-HPSESSID=58ieedlbdbv10udd6up9abojc8sjlart&seid=140.
Brandt-Zwieback wurde im Dezember 2009 mit dem „Superbrand Award 2009" ausgezeichnet und damit zu einer der besten Marken Deutschlands gekürt. Vgl. http://www.brandt-gmbh.de/index.php?PHPSESSID=1mud8 9u2j7o5uieusds63q5m1bjg2hvh&seid=181

255 Vgl. Unternehmenshomepage http://www.coppenrath-feingebaeck.de/ Die Ausführungen beziehen sich auf die Unternehmenshomepage

diversen Zertifizierungen wie u.a. IFS-Higher-Level[256] oder dem Bio-Siegel.[257] Die Verpackung der Produkte sollen „Tradition und Moderne" verbinden. Das Unternehmen kombiniert mit seinem Leitspruch Tradition mit Innovation: „Das Alte ehren, und gleichzeitig das Neue wagen." Die Zielgruppe des Unternehmens sind generell Frauen. Das Sortiment umfasst eine Vielzahl von Produkten bei Ganzjahresgebäck, Saisongebäck (Tortelette und Spekulatius), Diät- und Vitalgebäck sowie Halbfabrikate und private Label. Bei den Halbfabrikaten produziert das Unternehmen „Gebäck in Granulatzuständen", die in Eis, Müsli oder Pralinen verarbeitet werden können. Hier besteht keine Wettbewerbssituation. Das Unternehmen erfüllt die Anforderungen auf Qualität, einer starken, überregionalen Marke und einer hohen Gebäckkompetenz. Ferner macht Coppenrath Feingebäck kein Co-Branding und steht in keiner Konkurrenz. Das Unternehmen erfüllt die Muss-Kriterien an einen möglichen Co-Brand-Partner und wird daher in die Bewertung einbezogen.

Hinter den Namen Griesson und de Beukelaer stehen zwei traditionelle Gebäckhersteller, die 1999 zu einem gemeinsamen Unternehmen **Griesson - de Beukelaer**[258] (GdB) fusionierten. **Griesson** wurde 1892 gegründet und gehört seitdem zu den wachsenden Unternehmen im Keksbereich. Im Jahr 1850 begann Edouard **de Beukelaer** mit der Herstellung von Keksen. Bekannt wurde er mit seiner Erfindung aus dem Jahr 1870, der Prinzenrolle. 1968 wurde das Unternehmen von der Danone-Group übernommen.

Heute zählt GdB zu den führenden Anbietern im Süßwarenbereich. Im Jahr 2008 erreichte es einen Gesamtumsatz von 481 Mio. Euro. Das Sortiment umfasst die für den Süßwarenbereich bekannten Marken[259] de Beukelaer, Griesson, Prinzen[260] und Mikado sowie für den

256 International Food Standart mit dem höchsten Level

257 Das Bio-Siegel garantiert eine ökologische Produktion und eine artgerechte Tierhaltung.

258 Vgl. Unternehmenshomepage GdB, http://www.griesson-debeukelaer.de/

259 Die Prinzenrolle wurde 2009 zur Marke des Jahrhunderts gekürt. http://www.griesson-ebeukelaer.de/pressecenter/pressemeldungen/2009/artikel/news/prinzen-rolle-ist-eine-marke-des-jahrhunderts/back/307/hash/175d676531/

260 Ansonsten gehören noch LEICHT&CROSS, Tekrum, Café Musica, TUC und Wurzener dazu.

Premiumbereich Tekrum und in Lizenz Mövenpick.[261] Die Aufnahme von Mövenpick ist für GdB die „optimierte Abrundung des Sortiments".[262]

Bei Griesson - de Beukelaer wird zwischen den klassischen Keksen und dem hochfeinen Gebäck unterschieden, welches im Premiumsegment unter der Marke Mövenpick und Tecrum angeboten wird. Das Unternehmen spricht unterschiedliche Zielgruppen an.[263] Griesson und de Beukelaer sind die klassische Familienmarke, während Prinzen eher für „Mutter und Kind" vermarktet wird. Tecrum, bekannt für Konditoreiprodukte, soll Ältere ansprechen, die im Premiumsegment Konditorenqualität möchten, während Mövenpick jünger positioniert ist und junge Leute[264] für den Premiumbereich gewinnen soll.

Das Unternehmen hat einen sehr hohen Qualitätsanspruch und wurde im Jahr 2009 wiederholt mit dem „Preis der Besten in Gold" von der Deutschen Landwirtschafts-Gesellschaft prämiert.[265] Weitere Auszeichnung erhielt das Unternehmen mit dem LifeCare Food Award, ein Preis für empfehlenswerte Produkte.[266]

GdB setzt bei allen Produkten auf einen hohen Qualitätsanspruch und auf den nachhaltigen Umgang mit den Ressourcen.[267] Dies wird in diversen Zertifizierungen bestätigt. Es verpflichtet sich, auf den Einsatz von „Farbstoffen, Geschmacksverstärkern und Konservierungs-

---

261 Im Jahr 2006 steigt es in das Lizenzgeschäft mit Mövenpick ein und ist damit im Premiumsegment vertreten. Vgl. Unternehmenshomepage GdB

262 Vgl. http://www.backwelt.de/newsview/items/newsarch_6583html http://www.backwelt.de/newsview/items/news_arch_6583.html

263 Die Informationen zur Zielgruppe stammen aus einem Telefonat mit Griesson - de Beukelaer

264 Primär junge Leute ab Mitte 30, die gut verdienen und sich etwas Besonderes gönnen möchten.

265 Auszeichnung: Preis der Besten in Gold unter http://www.griesson-debeukelaer.de/pressecenter/pressemeldungen/2009/artikel/news/preis-der-besten-in-gold-fuer-griesson-de-beukelaer-1/back/307/hash/f7cc90b0aa/

266 Vgl. http://www.griesson-debeukeaer.de/pressecenter/pressemeldungen/2009/artikel/news/debeukelaer-als-ausgezeichnetes-lebensmittel-praemiert/back/307/hash/7a2967bbad/pointer/1/
Weitere Auszeichnungen unter: http://www.griesson-debeukelaer.de/qualitaet/qualitaetsanspruch/auszeichnungen/

267 Es ist IFS zertifiziert.

Vgl. http://www.griesson-debeukelaer.de/qualitaet/qualitaetsanspruch/zertifizierungen/

stoffen" sowie auf genveränderte Rohstoffe zu verzichten. Ferner ist ihm auch der nachhaltige Umgang mit den Ressourcen wichtig. Für seine Marken verspricht es einen „cleveren Keks-Genuss" oder „einzigartige Genussmomente". Es besteht keine Konkurrenzbeziehung und es werden keine Co-Branding-Aktivitäten durchgeführt. Obige Ausführungen zeigen, dass GdB die definierten Anspruchskriterien in allen Bereichen erfüllt und daher ein interessanter Co-Brand-Partner sein könnte.

Lambertz[268] hat sich von einem kleinen Nischenanbieter zu einem der führenden deutschen Hersteller von Dauerbackwaren entwickelt.[269] Gegründet 1688 war das Unternehmen auf Printen spezialisiert bis es 1978 den Markt für Dominosteine eroberte. Die Produktpalette wurde um weitere Spezialitäten (gefüllte Herzen, Zimtsterne) und ganzjährige Produkte erweitert. Die Saisonartikel machen 34%, die Ganzjahresartikel 64% am Gesamtsortiment aus. Der Umsatz liegt heute bei 500 Mio. Euro und konnte kontinuierlich ausgebaut werden. Lambertz möchte mit seinen Produkten Tradition und Gegenwart verbinden. Der Premiumgedanke steht im gesamten Unternehmen im Vordergrund. Es macht wenig Werbung, stattdessen setzt es auf Öffentlichkeitsarbeit um den Kunden emotional an die Marke zu binden. Lambertz erfüllt die Anforderung an ein hohes Qualitätsversprechen. Es ist eine starke, überregionale Marke im Ganzjahressortiment und hat ein hohes Maß an Gebäckkompetenz. Eine Zusammenarbeit wird dennoch ausgeschlossen, da die Unternehmen bei saisonalen Produkten in einer Konkurrenzbeziehung stehen. Damit verstößt das Unternehmen gegen ein zwingendes Muss-Kriterium und wird daher nicht bewertet.

5.6.2.2. Ergebnisse der Vorauswahl bei Gebäckherstellern

Nachfolgende Tabelle zeigt, welche Unternehmen die Anspruchskriterien erfüllen.

---

268 Vgl. Unternehmenshomepage Lambertz, http://www.lambertz.de/

269 Die Informationen beziehen sich auf die Unternehmenshomepage. Vgl. http://www.lambertz.de/index.php?option=com_content&view=article&id=64&Itemid=74&lang=de. Zur Lambertzgruppe gehören inländische Tochterunternehmen wie Haeberlein-Metzger, Weiss und Kinkartz, sowie ausländische Tochterunternehmen. Auch die Crux GmbH&Co.KG gehört zur Lambertzgruppe.

Unternehmen	Erfüllt die Anforderung	
	Ja	Nein
Bahlsen	✓	
Brandt	✓	
Coppenrath	✓	
Griesson - de Beukelaer	✓	
Lambertz		✓

Tabelle 5: Ergebnisse der Vorauswahl

Quelle: Eigene Darstellung

Die Unternehmen Bahlsen, BrandtZwieback, Coppenrath Feingebäck und Griesson - de Beukelaer werden nachfolgend anhand des Scoringmodells bewertet, inwieweit sie ein geeigneter Co-Branding-Partner sind.

5.7 Schritt 6: Bewertung ausgewählter Gebäckhersteller als mögliche Co-Brand-Partner

In diesem Schritt wird ein Scoringmodell entwickelt, welches die Grundlage für die anschließende Bewertung ist. Hiernach werden die ausgewählten Unternehmen einzeln bewertet und die Ergebnisse vorgestellt. Es wird wie folgt vorgegangen:

1 Erstellen eines Scoringmodells

1.1 Festlegen und Gewichtung der Bewertungskriterien

1.2 Aufstellen von Entscheidungsregeln

1.3 Erstellen einer Bewertungsmatrix

2 Durchführung der Bewertung

2.1 Punktvergabe für jedes Merkmal

2.2 Errechnung der gewichteten Punktwerte

2.3 Feststellen des Gesamtpunktwertes

3 Vorstellen der Ergebnisse

5.7.1. Erstellen des Scoringmodells

Das für die Bewertung ausgesuchte Scoringmodell[270] ist ein geeignetes Verfahren zur Beurteilung von Strategiekonzepten.[271] Im vorliegenden Buch wird es genutzt, um festzustellen, welches Unternehmen ein geeigneter Co-Brand-Partner sein könnte. Hierfür werden die ausgewählten Unternehmen vergleichend bewertet.[272] Es werden Merkmale festgelegt und eine dazugehörige Gewichtung bestimmt. Den alternativen Unternehmen werden für jedes Merkmal Punkte vergeben, die mit der Gewichtung multipliziert werden. Hieraus ergibt sich der gewichtete Punktwert. Die Summe aller gewichteten Punktwerte ist der Gesamtpunktwert des jeweiligen Unternehmens und zeigt, inwieweit das Unternehmen als möglicher Co-Brand-Partner geeignet ist.

Es ist ein beliebtes Instrument, das einfach und flexibel einzusetzen ist.[273] Ein Nachteil ist die Subjektivität, sowohl bei der Auswahl der Kriterien und deren Gewichtung als auch bei der Interpretation der Ergebnisse. Die Subjektivität liegt im Scoringmodell selbst begründet. Ziel muss es sein, diese Subjektivität zu minimieren, ganz ausschließen kann man sie nicht.[274] Im Unternehmen kann sie reduziert werden, wenn mehrere Beteiligte bei der Erstellung des Scoringmodells mitwirken. Das vorliegende Bewertungsschema kann eine Hilfestellung bei der Auswahl eines möglichen Partners sein.

---

270 Scoring und Punktwert sind Synonyme

271 Vgl. Becker 2006, S.476

272 Die folgenden Ausführungen beziehen sich auf Nieschlag 2002, S. 275

273 Eine Gegenüberstellung der Vor- und Nachteile ist im Anhang aufgezeigt

274 Die folgenden Ausführungen beziehen sich auf Becker 2006, S.476ff

5.7.1.1. Festlegung und Gewichtung der Bewertungskriterien

Bei der Entwicklung eines Scoringmodells ist die Bestimmung und Bewertung von geeigneten, überschneidungsfreien Merkmalen, die auf einer Ratingskala messbar sind, eine besondere Schwierigkeit. Ferner können Eigenschaften sowohl positiv als auch negativ belegt sein und müssen daher eindeutig definiert werden, um Unklarheiten auszuschließen.[275] Die Kriterien werden anhand einzelner, in der Literatur genannter Erfolgsfaktoren für ein Co-Branding, festgelegt. Sie orientieren sich ferner an unternehmensspezifischen Eigenschaften und geben mögliche Anforderungen, die das Unternehmen an einen Partner stellen könnte, wieder. Ausschlaggebend hierfür ist das beschriebene Wunschprofil.

Ein wichtiges Kriterium bei der Auswahl eines geeigneten Co-Brand-Partners ist die hohe Produktqualität. Diese wurde innerhalb der Vorselektion als zwingend angesehen. Die verbleibenden Unternehmen haben einen vergleichbaren Qualitätsstandard, der sich unwesentlich unterscheidet. Starke Marken sind mit Ihren Produkten in der Regel zertifiziert. Daher eignet sich das Merkmal Qualität nicht zur Unterscheidung innerhalb der Bewertung.

Ein weiteres wichtiges Merkmal und innerhalb der Vorselektion berücksichtigt, ist die starke überregionale Marke. Dieses trifft auf die verbleibenden Unternehmen zu und ist kein Unterscheidungsmerkmal.

Zu den bedeutenden Erfolgsfaktoren des Co-Branding gehören u.a. **Markenstärke** und **Markenfit**. Für den Erfolg des Co-Branding ist es wichtig, dass die Partner in etwa gleich stark sind. Ein Indikator für **Markenstärke** ist die Markenbekanntheit.[276] Es ist anzustreben, dass beide Unternehmen eine gleich hohe Bekanntheit haben, da das Unternehmen eine gleichberechtigte Partnerschaft anstrebt. Weitere Anhaltspunkte über die Stärke der jeweiligen Unternehmen sind die Marktanteilszahlen, erkennbar in der Grafik „Top-Ten Süßgebäckwarenhersteller nach Marktanteil/Absatz". Um ein Co-Brand erfolgreich

---

275 Vgl. Meffert 2000, S.399f

276 Vgl. Esch 2008, S.449f

zu gestalten, ist auch ein hoher gemeinsamer **Markenfit** wichtig. Eine möglichst hohe Übereinstimmung der Vorstellungsbilder der Partnermarken trägt zum Erfolg des Co-Brand-Produktes bei. Passen die beiden Partnerunternehmen nicht zusammen kann das Produkt ein Flop werden. Die Kunden nehmen dieses neue Produkt nicht an. Im Extremfall findet ein negativer Imagetransfer auf die anderen Produkte des Unternehmens statt.

Diese Erfolgsfaktoren sind auch bei der Bewertung wichtige Merkmale. Daher erhalten diese beiden die höchste relative Gewichtung von 20%.

Eine langjährige Erfahrung in der Produktion von Gebäcken und eine damit erworbene Kernkompetenz ist sehr wichtig. Dies zeigt sich in dem Merkmal **Gebäckkompetenz.** Zur Gebäckkompetenz zählen neben der Produktqualität, die hier allerdings nicht einfließt, die Bedeutung des Co-Brand-Partners im Ganzjahressortiment. Weiterhin gehört hierzu eine große Sortenvielfalt in der Produktpalette des Co-Brand-Partners. Das Unternehmen hat seinerseits eine hohe Kernkompetenz und erwartet daher auch einen starken Partner. Gebäckkompetenz wird daher mit 15% gewichtet.

Eine **ähnliche Unternehmenskultur** beider Unternehmen ist ebenfalls sehr wichtig. Die Unternehmenskultur umfasst „alle Werte und Normen, die das Verhalten der Führungskräfte und Mitarbeiter prägen".[277] Sie beeinflusst die „Strategie und Taktik",[278] mit der das Unternehmen Geschäfte macht. Das vorliegende Unternehmen legt besonderen Wert auf eine „gemeinsame Sprache" mit dem Partnerunternehmen. Dies reduziert das Konfliktrisiko und die Gefahr der fehlenden Kommunikation beider Unternehmen. Wie stark ein Unternehmen Handelsmarken produziert sollte hier ebenfalls berücksichtigt werden, da ein zu großer Anteil an Handelsmarken das positive Markenimage schwächen würde. Das Merkmal erhält daher eine Gewichtung von 15%.

Wie beschrieben ist das Unternehmen sehr innovativ. Es entwickelt neue Produktideen. In der Regel handelt es sich um „echte Innovatio-

277 Vgl. Geml, Geisbüsch, Lauer 1999, S.491f

278 Vgl. Geml, Geisbüsch, Lauer 1999, S.276f

nen“[279] besonders im b2b-Bereich. Diesen Anspruch hat es auch an einen möglichen Kooperationspartner. Daher erhält das Merkmal **Innovationskultur** eine Gewichtung von 10%.

Die Kernzielgruppe des Unternehmens umfasst eine breite Altersstruktur. Im Vordergrund steht die Familie. Hierbei soll sowohl eine größtmögliche Übereinstimmung erzielt, als auch eine Erweiterung vorgenommen werden. Daher ist es wichtig, dass die Partnermarke einerseits diese Zielgruppe hat, andererseits aber auch über eine erweiterte Kundengruppe verfügt, damit diese zusätzlich gewonnen werden kann.

Es wird zwischen der aktuellen und der potenziellen neuen angestrebten Zielgruppe unterschieden. Die Zielgruppenüberschneidung darf weder zu groß noch identisch sein, damit das Co-Branding Erfolg hat. Ist der Unterschied zu groß wird der Nutzen nicht erkannt und das Produkt abgelehnt. Sind die Zielgruppen gleich, kann keine neue Käuferschicht hinzugewonnen werden. Dieses Merkmal wird wegen seiner Bedeutung mit 10% gewichtet.

Wichtig ist auch, dass sich das Unternehmen auf einem **Wachstumsmarkt** befindet, damit die gemeinsame Kooperation langfristig erfolgreich sein kann. Abschließend spielt das Merkmal **Ressourceneinsatz** eine Rolle. Es zeigt, welche Qualifikationen (Mitarbeiter, Know-How) und Geldmittel die einzelnen Unternehmen einbringen. Auch die vorhandene Höhe des Marketingbudgets kann hierbei eine Rolle spielen. Es sollte ebenfalls eine ähnliche Übereinstimmung vorliegen. Wegen der stärkeren Bedeutung der anderen Merkmale werden diese beiden hier nur mit 5% gewichtet.

5.7.1.2. Aufstellen von Entscheidungsregeln

Die Bewertung erfolgt anhand einer Punkteskala von 1-5. Dabei steht der Wert 1 für „trifft überhaupt nicht zu“ und 5 für „trifft voll und ganz zu“. Ein Unternehmen kann mindestens 100 Punkte, maximal 500 Punkte erreichen. Es werden folgende Entscheidungsregeln zur Interpretationshilfe aufgestellt.

279 Innovationen können zwischen „echten Innovationen“, die ohne Vorbild entstehen und „unechten“ mit Vorbild, unterschieden werden. Vgl. Geml, Geisbüsch, Lauer 1999, S.172

Ein Unternehmen muss mindestens zweit Drittel der Maximalpunkte erreichen, also 334 Punkte. Ab dieser Punktzahl kann es als geeignet angesehen werden.

Trifft obige Regel auf mehrere Unternehmen zu, so gilt eine absteigende Reihenfolge, an der sich das Unternehmen orientieren kann.

Erreicht kein Unternehmen diesen Mindestpunktwert, so müssen die Kriterien überprüft werden, ob sie richtig ausgewählt wurden. Können Fehler in der Bewertung ausgeschlossen werden, so bedeutet dieses Ergebnis, dass keines der bewerteten Unternehmen geeignet ist, um ein zielführendes Co-Branding zu machen. Der Prozess der Bewertung muss entweder erneut durchgeführt, oder auf einen späteren Zeitpunkt verschoben werden. Es muss überlegt werden, ob Unternehmen die vorher ausgeschlossen wurden, besser zur Zielerreichung geeignet gewesen wären. Weiterhin sollte die Branchenwahl überprüft werden. Für das Unternehmen bedeutet dies, zu überprüfen, inwieweit auch eine andere Branche als die der Gebäckhersteller geeignet wäre.

Erreichen alle den gleichen Punktwert führt die Bewertung zu keiner Unterscheidung. Die Gründe hierfür können vielfältig sein. Im besten Fall liegt es daran, dass sich die Unternehmen aufgrund der strengen Vorauswahl kaum unterscheiden, und daher alle auf einem hohen Anspruchsniveau liegen und geeignet wären. Andererseits muss überprüft werden, ob Fehler in der Bewertung ausgeschlossen werden können. Dies können sowohl Fehler in der Bestimmung der Kriterien, deren Gewichtung oder der Verteilung des Punktwertes sein. Entweder unterscheiden sich die Unternehmen nicht voneinander oder die ausgewählten Kriterien eignen sich nicht zur Unterscheidung. Auch das ausgewählte Modell muss dann in Frage gestellt werden.

5.7.1.3. Scoringmodell Grundlagen

Anhand der festgelegten Bewertungskriterien, der Gewichtung und den Entscheidungsregeln, wird nachfolgend das Scoringmodell aufgestellt.

Bewertungskriterium	Relative Gewichtung in %	Punktwert (1-5)	Gewichteter Punktwert
Markenstärke	20		
Markenfit	20		
Gebäckkompetenz	15		
Ähnliche Unternehmenskultur	15		
Innovationskultur	10		
Überschneidung der Zielgruppe	10		
Wachstumsmarkt	5		
Ressourceneinsatz	5		
Gesamtpunktwert	100		
Punktwert von 1 (trifft überhaupt nicht zu) bis 5 (trifft voll und ganz zu)			

Tabelle 6: Grundlage Scoringmodell

Quelle: Eigene Darstellung

5.7.2. Durchführung der Bewertung

Bei der Bewertung wird das gesamte Unternehmen mit seinen Marken betrachtet. Eine detaillierte Bewertung für die einzelnen Marken ist im Rahmen des Buches nicht möglich. Die Unternehmen werden in alphabetischer Reihenfolge bewertet.

Bahlsen ist mit einer Markenbekanntheit von 99% „so bekannt wie der Kanzler".[280] Es belegt Platz zwei bei den Top-Ten der Süßgebäckwa-

---

280 Vgl. Pressemitteilung, Bahlsen so bekannt wie der Kanzler, Röll, Sybille, http://www.pressrelations.de/new/standard/result_main.cfm?pfach=1&n_firmanr_=113126

renhersteller. Nach eigener Aussage[281] hat es einen Marktanteil von 70% im Keksbereich. Daher erhält es für das Merkmal **Markenstärke** den maximalen Punktwert von 5 Punkten. Das Unternehmen und Bahlsen haben ein ähnliches positives Image, daher ist von einem hohen gemeinsamen Fit der Marken auszugehen. Bahlsen erfüllt das Merkmal **Markenfit** voll und ganz und bekommt daher 5 Punkte. Diese Maximalpunktzahl bekommt Bahlsen ebenfalls für seine **Gebäckkompetenz**, da es hier mit seinen starken Marken (Leibniz, Bahlsen) über eine große Sortenvielfalt verfügt. Bahlsen ist auch ein Traditionsunternehmen. Der überwiegende Umsatzanteil stammt aus dem Markengeschäft. Die Produktion von Handelsmarken wird differenziert gesehen und nur wenig verfolgt.[282] Es gibt eine große Übereinstimmung bei dem Kriterium **Ähnliche Unternehmenskultur** und daher wird der Punktwert 4 vergeben. Die **Innovationskultur** bei Bahlsen ist ebenfalls sehr ausgeprägt. Das Unternehmen bringt „echte Innovationen" auf den Markt, wie beispielsweise der Erdnuss Spass.[283] Gleichzeitig setzt es auch neue Trends um und ergänzt seine Produkte um attraktive Geschmacksrichtungen. Daher wird der Punktwert 5 für Innovationskultur vergeben.

Die Familie ist die gemeinsame Zielgruppe. Die jüngere Zielgruppe spricht Bahlsen einerseits mit der Marke Leibniz an, zusätzlich soll aber auch bei der Marke Bahlsen im Premiumbereich eine jüngere Käuferschicht gewonnen werden. Die **Überschneidung der Zielgruppe** trifft voll und ganz zu. Daher kann auch hier der Punktwert von 5 vergeben werden. Der Gebäckhersteller befindet sich mit allen Marken in einem **Wachstumsmarkt**. Dieses Merkmal erhält hier den höchsten Punktwert von 5 Punkten. Ferner verfügt das Unternehmen über ein hohes Marketingbudget.[284] Es wird vermutet, dass der gesamte **Ressourceneinsatz**, den Bahlsen in eine Kooperation einbringt, hoch ist. Daher wird auch hier der Maximalpunktwert von 5 Punkten vergeben.

---

281 Vgl. Pressemitteilung, Bahlsen so bekannt wie der Kanzler, Röll, Sybille, http://www.pressrelations.de/new/standard/result_main.cfm?pfach=1&n_firmanr_=113126

282 Ebenda

283 Eine Abbildung der Neuprodukte ist im Anhang. Vgl. http://www.bahlsen.com/chronik.pdf

284 Das Werbebudget betrug für 2004 20Millionen Euro. Für die Branche Gebäckhersteller liegt das Unternehmen damit an der absoluten Spitze. Vgl. Pressemitteilung, Bahlsen so bekannt wie der Kanzler, Röll, Sybille, Vgl.http://www.-pressrelations.de/new/standard/result_main.cfm?pfach=1&n_firmanr_=113126

Diese Annahmen werden zur Berechnung des Gesamtpunktwertes in das Scoringmodell eingetragen.

Bahlsen Bewertungskriterium	Relative Gewichtung in %	Punktwert (1-5)	Gewichteter Punktwert
Markenstärke	20	5	100
Markenfit	20	5	100
Gebäckkompetenz	15	5	75
Ähnliche Unternehmenskultur	15	4	60
Innovationskultur	10	5	50
Überschneidung der Zielgruppe	10	5	50
Wachstumsmarkt	5	5	25
Ressourceneinsatz	5	5	25
Gesamtpunktwert	100		485
Punktwert von 1 (trifft überhaupt nicht zu) bis 5 (trifft voll und ganz zu)			

Tabelle 7: Scoringmodell Bahlsen

Das Unternehmen erreicht einen Gesamtpunktwert von 485.

Brandt Zwieback erreicht im klassischen Zwiebacksegment einen Marktanteil von 80%. Daher wird das Merkmal **Markenstärke** mit dem Punktwert 5 belegt, während **Markenfit** einen Punktwert von 3 erhält.

Innerhalb des Segments Zwieback hat das Unternehmen eine starke Kompetenz. Um ein interessanter Partner zu sein, gehört zusätzlich eine große Sortenvielfalt dazu. Dies trifft auf Brandt überhaupt nicht zu. Der Zwieback wird nur in unterschiedlicher Größe und Verpackung und in den Sorten Schokolade oder Kokos angeboten. Im Vergleich zu den anderen möglichen Co-Brand-Partnern ist das Angebot am niedrigsten. Daher wird wegen der geringen Attraktivität das

Merkmal **Gebäckkompetenz** mit 1 bewertet. Die Unternehmenskultur beider Marken weist eine geringe Übereinstimmung auf. Brandt beliefert Aldi mit der Originalmarke Brandt Zwieback, was dazu führt, das Merkmal **Ähnliche Unternehmenskultur** mit 1 zu bewerten. Das Unternehmen verfügt über zwei neue Produkte, daher bekommt das Merkmal **Innovationskultur** 3 Punkte. Es kann nur eine geringe **Überschneidung** in **der Zielgruppe** festgestellt werden. Dies trifft sowohl auf die aktuelle als auch auf die erweiterbare Käuferschicht bei Brandt zu und wird daher mit dem Punktwert 1 bewertet. Dieser niedrige Wert von 1 wird auch für das Merkmal **Wachstumsmarkt** vergeben, da Zwieback zu einem schrumpfenden Bereich im Süßgebäckmarkt gehört. Es ist daher zu vermuten, dass der **Ressourceneinsatz**, den das Unternehmen einbringen würde, ebenfalls sehr gering ausfällt. Das Merkmal erhält einen Punktwert von 1. Die Bewertung zeigt nachfolgendes Scoringmodell.

Bewertungskriterium	Relative Gewichtung in %	Punktwert (1-5)	Gewichteter Punktwert
Markenstärke	20	5	100
Markenfit	20	3	60
Gebäckkompetenz	15	1	15
Ähnliche Unternehmenskultur	15	1	15
Innovationskultur	10	3	30
Überschneidung der Zielgruppe	10	1	10
Wachstumsmarkt	5	1	5
Ressourceneinsatz	5	1	5
Gesamtpunktwert	100		240
Punktwert von 1 (trifft überhaupt nicht zu) bis 5 (trifft voll und ganz zu)			

Tabelle 8: Scoringmodell Brandt

Brandt erreicht bei der Bewertung einen Gesamtpunktwert von 240 Punkten.

Den dritten Platz beim Ranking der Top-Ten erreicht **Coppenrath Feingebäck**. Das Bewertungskriterium **Markenstärke** erhält daher 3 Punkte. Auch für **Markenfit** wird ein Punktwert von 3 angenommen. Das Unternehmen verfügt über eine langjährige **Gebäckkompetenz**. Verglichen mit Bahlsen und Griesson - de Beukelaer ist die Sortenvielfalt und Markenvariation bei Coppenrath Feingebäck geringer. Daher erreicht das Merkmal Gebäckkompetenz einen Punktwert von 3. Dieser wird auch für die **Ähnliche Unternehmenskultur** vergeben. Das Unternehmensprofil auf der Homepage lässt vermuten, dass eine geringe **Innovationskultur** besteht. Ebenso kann nur eine geringe **Überschneidung der Zielgruppe** festgestellt werden. Beide Merkmale erhalten daher je 2 Punkte. Mit seinen Produkten ist das Unternehmen in einem wachsenden Marktsegment vertreten. Daher erhält das Kriterium **Wachstumsmarkt** 4 Punkte. Der **Ressourceneinsatz** bei einer möglichen Kooperation wird mit dem Punktwert 2 eingeschätzt. Die Bewertungsmatrix zeigt das Ergebnis.

Coppenrath **Bewertungskriterium**	Relative Gewichtung in %	Punktwert (1-5)	Gewichteter Punktwert
Markenstärke	20	3	60
Markenfit	20	3	60
Gebäckkompetenz	15	3	45
Ähnliche Unternehmenskultur	15	3	45
Innovationskultur	10	2	20
Überschneidung der Zielgruppe	10	2	20
Wachstumsmarkt	5	4	20
Ressourceneinsatz	5	2	10
Gesamtpunktwert	100		280
Punktwert von 1 (trifft überhaupt nicht zu) bis 5 (trifft voll und ganz zu)			

Tabelle 9: Scoringmodell Coppenrath Feingebäck

Coppenrath Feingebäck erreicht einen Gesamtpunktwert von 280 Punkten.

Griesson - de Beukelaer belegt Platz eins im Ranking der Top-Ten und erhält daher für **Markenstärke** den Maximalwert von 5 Punkten. Das Unternehmen ist als Familien- und Traditionsmarke bekannt und erfüllt das Merkmal **Markenfit** mit 4 Punkten weitestgehend. Bei der **Gebäckkompetenz** verfügt es seit Jahrzehnten über eine Markenvielfalt, zu denen wiederum ein großes Produktsortiment an Gebäcken und Keksen gehört. Es wird daher für das Merkmal Gebäckkompetenz ein Punktwert von 4 vergeben. Weiterhin besteht eine hohe Übereinstimmung in der Unternehmenskultur. Es werden keine Farbstoffe verwendet. Dem Unternehmen ist ein nachhaltiger Umgang mit den Ressourcen wichtig. Daher kann hier für eine **ähnliche Unternehmenskultur** der Punktwert 4 vergeben werden. Innovationen im Sinne von „echten Innovationen" sind geringer. Es werden primär die vorhandenen Produkte in einer geänderten Variante angeboten. Daher wird für das Merkmal **Innovationskultur** der Wert 3 vergeben. Die **Überschneidung der Zielgruppe** kann mit dem Maximalpunktwert von 5 Punkten beurteilt werden. Die aktuelle Zielgruppe von Griesson - de Beukelaer umfasst sowohl Familien als auch ältere Käufergruppen, die Wert auf Konditorenqualität legen. Diese Käuferschicht deckt somit die Kernzielgruppe ab und ermöglicht es dem Unternehmen auch eine Vielzahl an neuen unterschiedlichen Käufern hinzuzugewinnen. Griesson - de Beukelaer ist mit seinen starken Marken im **Wachstumsmarkt** vertreten und bekommt für dieses Merkmal 5 Punkte. Für den erwarteten **Ressourceneinsatz** wird ein Punktwert von 3 vergeben. Die Bewertung im einzelnen zeigt nachfolgendes Scoringmodell.

GRIESSON - DE BEUKELAER **Bewertungskriterium**	Relative Gewichtung in %	Punktwert (1-5)	Gewichteter Punktwert
Markenstärke	20	5	100
Markenfit	20	4	80
Gebäckkompetenz	15	4	60
Ähnliche Unternehmenskultur	15	4	60
Innovationskultur	10	3	30
Überschneidung der Zielgruppe	10	5	50
Wachstumsmarkt	5	5	25
Ressourceneinsatz	5	3	15
Gesamtpunktwert	100		420
Punktwert von 1 (trifft überhaupt nicht zu) bis 5 (trifft voll und ganz zu)			

Tabelle 10: Scoringmodell Griesson - de Beukelaer

Griesson - de Beukelaer erreicht bei der Punktbewertung ein Ergebnis von 420 Punkten.

5.7.3. Ergebnisse der Punktbewertung

Bahlsen erreicht einen Gesamtpunktwert von 485 und nimmt somit die Favoritenrolle möglicher Co-Brand-Partner ein. Es bietet die beste Möglichkeit die Fruchtkompetenz beim Endverbraucher mit einem Co-Branding zu stärken.

Griesson - de Beukelaer liegt mit einer Punktzahl von 420 an zweiter Stelle. Es ist eine Alternative wenn Bahlsen kein Interesse an einem Co-Branding haben sollte.

Coppenrath liegt mit einem Endergebnis von 280 Punkten unter der geforderten Mindestpunktzahl. Dies trifft auch auf Brandt mit

240 Punkten zu. Beide sind daher keine geeigneten Co-Brand-Partner.

Die Tabelle weist die Gesamtpunktwerte der Unternehmen in absteigender Reihenfolge aus.

Unternehmen	Punktwert
Bahlsen	485
Griesson - de Beukelaer	420
Coppenrath	280
Brandt	240

Tabelle 11: Ergebnisse der Bewertung

Die Bewertung ist Grundlage für die nachfolgend in Schritt 7 beschriebene Handlungsempfehlung.

5.8 Schritt 7: Handlungsempfehlung

Sowohl das Unternehmen Bahlsen als auch Griesson - de Beukelaer sind nach obiger Bewertung attraktive Co-Brand-Partner. Es empfiehlt sich mit den Unternehmen Kontakt aufzunehmen und in einem persönlichen Dialog der Verantwortlichen Co-Branding als mögliche Strategiealternative zu besprechen.

In der nachfolgenden Handlungsempfehlung wird davon ausgegangen, dass Bahlsen ein geeigneter Co-Brand-Partner ist. Um die Chancen effektiv zu nutzen und mögliche Risiken zu erkennen und zu reduzieren kann ein gemeinsamer Kooperationsplan hilfreich sein.

Eine mögliche Vorgehensweise zeigt der Rahmenplan auf der folgenden Seite.

Merkmal	Beschreibung	Konkret für das Unternehmen
Zieldefinition	Festlegung des gemeinsamen Co-Brand-Ziels	Stärkung der Fruchtkompetenz
Zeitrahmen festlegen	Beginn und Ende der Kooperation festlegen	
Analyse der Ausgangssituation	Austausch über Marktdaten, Kundendaten, unternehmensspezifische Informationen	Austausch über b2c-Bereich, Backfüllungen und Süßgebäckmarkt
Produktidee entwickeln	Anhand obiger Informationen wird ein geeignetes Co-Brand-Produkt entwickelt	Mithilfe von Kreativitätstechniken und obigen Angaben soll ein geeignetes Co-Brand-Produkt entworfen werden
SWOT-Analyse des potenziellen Co-Brand-Produkts	Feststellen der möglichen Chancen/Risiken, und Stärken/Schwächen des Produktes	
Reaktion der Anspruchsgruppen	Überlegung und Befragungen, wie Kunden, der Handel oder Wettbewerber auf das Co-Branding reagieren.	Handel mit einbeziehen, Kundenbefragungen starten
Erwartung und Beitrag zur Zielerreichung definieren	Definieren: Wer ist die „Lead-Marke" Wer bringt welche Ressourcen (Marketingbudget, Mitarbeiter, Know-how, Maschinen) mit ein und in welcher Höhe? Welche Kosten entstehen für wen und in welcher Höhe?	Das Unternehmen strebt eine gleichberechtigte Partnerschaft an. Wer die Markenführung übernimmt, ist abhängig von der Produktidee und nimmt Einfluss auf die markenstrategische Ausrichtung.
Monetäre Zielgrößen festlegen	Festlegen von monetären Größen (erwarteten Umsätzen, Gewinn und Marktanteil)	
Marketingstrategie festlegen	Verpackung, Namensgebung, Positionierung, Platzierung im Handel	Bei der Verpackung sollten markenspezifische Merkmale wie Farbgestaltung oder Design des Produktes eine große Rolle spielen.
Ergebnisprognose	Prognose treffen, was erwartet werden kann	
Erfolgskontrolle	Kontrolle von Planzahlen und Istgrößen	
Verhaltensregeln und Sanktionen festlegen	Aufstellen von Teamregeln und Kommunikationsregeln sowie Sanktionen bei Verstoß	
Festschreiben sonstiger Bedingungen	Kein weiteres Co-Branding während und nach dem gemeinsamen Co-Branding	Nach Beendigung der Kooperation bis zu einem Jahr kein Co-Branding mit einem direkten Wettbewerber des Co-Brand-Partners
Feedbackgespräch nach Kooperation	Nach Kooperation Abschlussgespräch	Im Idealfall bleiben die Unternehmen in Kontakt

Tabelle 12: Rahmenplan eines Co-Branding

6 Fazit und Ausblick

Co-Branding ist eine strategische Alternative zu anderen bekannten Formen der Markenführung und besitzt in der Literatur und Praxis einen hohen und wachsenden Stellenwert. Die vertretenen Auffassungen zum Begriff des Co-Branding zeigen die vielfältigen Möglichkeiten, wie es in der Praxis angewandt wird.

Co-Branding ist eine attraktive Markenstrategie, für deren Erfolg die Vorteile genutzt und mögliche Nachteile minimiert werden sollen. *Boad* fasst es wie folgt zusammen:

„Co-Branding can be a powerful (...) tool, offering major strategic and financial advantages to those who do it right, but it is not without risk".[285]

Die Ausführungen basieren auf der engen Auslegung des Begriffs Co-Branding, um eine eindeutige Grundlage für den Praxisteil zu schaffen. Die Möglichkeit ein Brainstorming mit einer Studentengruppe durchzuführen und die Sichtweise der jungen Zielgruppe zu erfahren, gab interessante Impulse.

Mit der ausführlichen Erarbeitung eines Co-Branding-Leitfadens konnte gezeigt werden, dass Co-Branding eine attraktive Markenstrategie bietet. Es ist eine gute Möglichkeit, die Fruchtkompetenz des gesamten Unternehmens zu stärken und gleichzeitig eine weitere Zielgruppe zu gewinnen. Mit Bahlsen kann ein geeigneter Co-Brand-Partner gewonnen werden.

Ein Co-Branding bei hoher Qualität, dass Kunden einen echten Zusatznutzen im Vergleich zur Einzelmarke bietet, schützt das Unternehmen vor negativen Spill-Over-Effekten und verspricht erfolgreich zu sein.[286] Mit Imageanalysen sollte vorab die Wirkung auf Verbraucher untersucht werden. Eine Erfolgsmessung zeigt die Wirtschaftlichkeit von der die Zukunft dieser Markenstrategie abhängt. Es bleibt abzuwarten, inwieweit sich Co-Branding in der Praxis durchsetzt oder ob Unternehmen andere Strategiealternativen wählen, um langfristig am Markt erfolgreich zu sein.

285 Vgl. Boad 1999a, p.37

286 Vgl. Scharnowski 2006, S.83f

Anhang

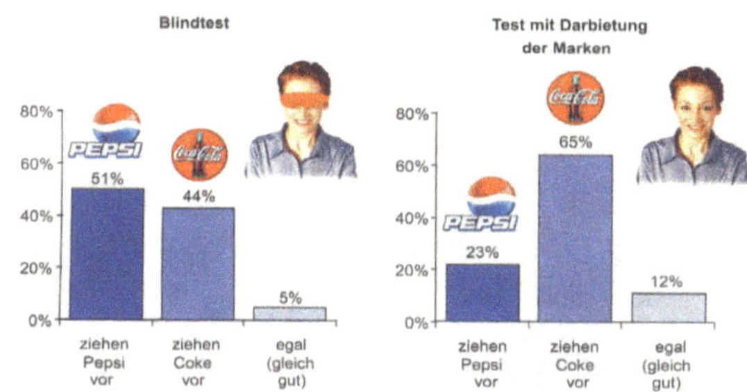

Abbildung 19: Testergebnisse (blind und offen) von Pepsi und Coca-Cola

Quelle: Entnommen aus Esch 2008, S.10

Vorteile	Nachteile
- Gezielte Ansprache einzelner Kundensegmente - Aufbau einer unverwechselbaren Markenidentität mit spezifischer Markenleistung - Geringe Gefahr negativer Ausstrahlungseffekte auf andere Marken - Geringer Koordinationsbedarf der Marken untereinander	- Einzelmarke trägt die gesamten Markenführungskosten während des Produktlebenszyklus allein - Bei kurzer Lebensdauer geringe Amortisation der Kosten - Hohe Kosten bei Markeneinführung und Markenaufbau - Fehlende Unterstützung des Produktes durch andere Marken im Unternehmen

Tabelle 13: Vor- und Nachteile der Einzelmarkenstrategie

Quelle: Eigene Darstellung in Anlehnung an Burmann, Meffert 2005c, S.176f

Vorteile	Nachteile
- Breite Marktabdeckung - Markenwechsler können durch Produk-t differenzierung im Unternehmen gebunden werden - Interner Wettbewerb kann Leistung optimieren	- Anstieg der Komplexitätskosten - Gefahr der „Übersegmentierung" - „Kannibalisierung der eigenen Marke durch gegenseitige Substitution der Marktanteile"

Tabelle 14: Vor- und Nachteile der Mehrmarkenstrategie

Quelle: In Anlehnung an Burmann, Meffert 2005c, S.176f

Vorteile	Nachteile
- Markenmehraufwand wird durch alle Produkte getragen - Neue Produkte profitieren von der Dachmarke - Leichte Neuprodukt--einführung	- Konzentration auf einzelne Zielgruppen ist nicht möglich - Allgemeine, unspezifische Positionierung

Tabelle 15: Vor- und Nachteile der Dachmarkenstrategie

Quelle: Eigene Darstellung. Zu den Inhalten vgl. Esch 2008, S.353f und Baumgarth 2008, S.148

Vorteile	Nachteile
- Möglichkeit der Spezifizierung der Angebote - Mehrere Produkte tragen den Markenaufwand - Neue Produkte partizipieren am Goodwill der Familienmarke - Markenkompetenz	- Markenkern begrenzt Innovationsmöglichkeit - Gefahr der Markenüberdehnung - Rücksicht einzelner Marken auf Basispositionierung - Gefährdet, wenn keine Akzeptanz durch Handel

Tabelle 16: Vor- und Nachteile der Familienmarkenstrategie
Quelle: In Anlehnung an Becker 2002, S.199

Wert in Euro

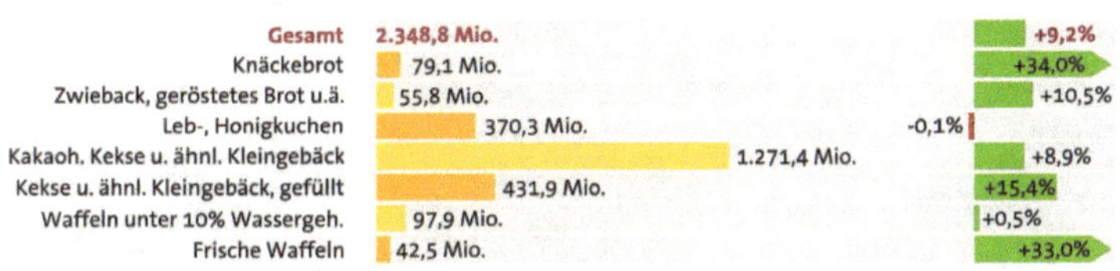

Abbildung 20: Monetärer Wert der Gruppe feiner Backwaren
Quelle: Unternehmenshomepage BDSI[287]

287 Vgl. http://www.bdsi.de/de/zahlen_fakten/feine_backwaren.html

Die 100 umsatzstärksten Backwarenanbieter 2007

Rang	Unternehmen/Gruppe	Sitz	Inlandsumsatz (Mio. €)	VÄ (%)	Beschäftigte
1 (1)	**Barilla-Gruppe** [1]	40549 Düsseldorf	**1.016,8**	- 0,3	5.128
	Lieken AG (zu 1)	*40549 Düsseldorf*	*976,8*	*-0,6*	*4.818*
	Lieken Brot u. Backwaren GmbH (zu 1)	*49681 Garrel*	*829,9*	*-1,3*	*3.321*
2 (2)	**Harry-Brot GmbH (K)** [2]	22869 Schenefeld	**558,7**	14,4	3.361
	Harry-Brot GmbH (zu 2)	*22869 Schenefeld*	*519,9*	*14,4*	*3.171*
3 (6)	**Aryzta AG (Hiestand)**	97447 Gerolzhofen	**284,0**	n.v.	1.445
4 (5)	**Ostendorf-Gruppe** [3]	26122 Oldenburg	**276,0**	11,9	2.175
5 (3)	**Coppenrath & Wiese GmbH & Co. KG**	49076 Osnabrück	**264,9**	9,4	1.954
6 (4)	**Schäfer's-Gruppe** [4]	32457 Porta Westfalica	**252,9**	3,5	6.190
7 (7)	**Bäckerbub-Gruppe (K&U-Bäckerei)** [5]	77656 Offenburg	**195,0**	10,0	3.270
	Schäfer's Brot u. Kuchen-Spezialitäten GmbH (zu 6)	*32457 Porta Westfalica*	*183,9*	*3,9*	*4.820*
8 (8)	**Steinecke-Gruppe**	38368 Mariental	**181,8**	6,8	3.664
	Schäfer's Brot u. Kuchen-Spezialitäten GmbH (zu 6)	*32457 Porta Westfalica*	*183,9*	*3,9*	*4.820*
8 (8)	**Steinecke-Gruppe**	38368 Mariental	**181,8**	6,8	3.664
9 (9)	**Kuchenmeister GmbH**	59494 Soest	**152,0**	4,5	850
	Kamps GmbH (zu 1)	*41366 Schwalmtal*	*146,8*	*3,1*	*1.440*
	Hiestand & Suhr Handels- u. Logistik GmbH (zu 3)	*79235 Vogtburg*	*146,2*	*17,9*	*406*
	Müller-Brot GmbH (zu 4)	*85375 Neufahrn*	*137,5*	*2,2*	*1.301*
	Meisterbäckerei Steinecke GmbH & Co. KG (zu 8)	*38368 Mariental*	*129,7*	*6,4*	*2.707*
10 (10)	**Heberer GmbH & Co. KG (K)** [6]	63165 Mühlheim	**129,3**	2,1	750
11 (11)	**Mainz-Gruppe (K)** [7]	52146 Würselen	**128,0**	2,4	1.050
12 (12)	**Glockenbrot Bäckerei GmbH & Co. oHG** [8]	60386 Frankfurt/M.	**127,5**	n.v.	1.700
13 (13)	**Nestle Schöller GmbH & Co. KG** [9]	90419 Nürnberg	**110,0**	3,0	750
14 (14)	**Sinnack Backspezialitäten GmbH & Co. KG**	46395 Bocholt	**108,0**	5,0	470
15 (15)	**Ihle-Gruppe** [10]	86316 Friedberg	**100,8**	5,8	1.820
16 (17)	**Anton Meitinger Erben GmbH & Co. KG**	86441 Zusmarshausen	**94,0**	7,5	900
17 (18)	**Hanseatische Bäckerei- u. Konditorei Beteiligungsges. mbH & Co. KG** [11]	23568 Lübeck	**92,3**	11,2	2.079
18 (20)	**Brezelbäckerei Ditsch GmbH**	55129 Mainz	**88,0**	11,3	361
19 (22)	**Mestemacher-Gruppe**	33332 Gütersloh	**85,2**	11,9	550

Abbildung 21: Auszug aus den 100 umsatzstärksten Backwarenanbietern im Jahr 2007

Quelle: Bäckereizeitung Backbusiness vom 13.Juni 2009, S.12

A

- Aachener Printen- und Schokoladenfabrik Henry Lambertz GmbH & Co. KG
- A & D Nürnberger Feinbackwaren GmbH
- Adolf Bosch KG Confiseriefabrik

B

- Bahlsen GmbH & Co. KG
- BIG DRUM GmbH
- Dietrich Borggreve KG Zwieback- und Keksfabrik
- Adolf Bosch KG Confiseriefabrik
- BRANDT Zwieback- Schokoladen GmbH + Co. KG

C

- Confiseur Läderach GmbH & Co. KG
- Conrad Schulte GmbH & Co. KG Feingebäckfabrik
- Continental Bakeries Deutschland GmbH
- Coppenrath Feingebäck GmbH
- F.A. Crux GmbH & Co. KG

D

- Dietrich Borggreve KG Zwieback- und Keksfabrik
- Dr. Quendt KG

E

- Eichetti Confect Spezialitäten A. Eichelmann GmbH & Co. KG
- Esser Konfekt und Feingebäck GmbH & Co. KG

F

- F.A. Crux GmbH & Co. KG
- Feinbäckerei Otten GmbH & Co. KG
- Ferrero Deutschland GmbH
- Wilhelm Feyler - Bayer. Lebkuchen- und Feingebäckfabrik
- Findeisen GmbH Waffelfabrik
- Frank Lebkuchen GmbH Lebkuchenfabrik
- Franz Hoch GmbH Oblatenfabrik
- Freudenberg Dauerbackwaren- herstellung und -vertrieb GmbH

G

- Gottena Keks- und Waffelfabrik GmbH & Co. KG
- Gottfried Wicklein GmbH & Co. KG Nürnberger Lebkuchen und Gebäckspezialitäten
- Griesson - de Beukelaer GmbH & Co. KG
- Wilhelm Gruyters GmbH & Co. KG

H

- Haeberlein Vereinigte Nürnberger Lebkuchen-, Keks- und Schokoladenfabrik GmbH
- Heemann Lebkuchen- und Süßwarenspezialitäten GmbH Zweigniederlassung der LAC Beteiligungs GmbH
- Heinrich Leupoldt KG Lebkuchen-Spezialitäten
- Heinrich Schulze GmbH
- Helmut Löser GmbH & Co. KG Waffelfabrik
- Franz Hoch GmbH Oblatenfabrik

Abbildung 22: Herstellerübersicht Backwaren, Teil 1

Quelle: Unternehmenshomepage BDSI

K

- Wilhelm Kinkartz GmbH & Co KG
- W. u. H. Küchle GmbH & Co.KG Oblatenfabrik

L

- Confiseur Läderach GmbH & Co. KG
- Lebkuchen-Schmidt GmbH & Co. KG Nürnberger Lebkuchen, Gebäck und andere fein Spezialitäten
- Heinrich Leupoldt KG Lebkuchen-Spezialitäten
- Helmut Löser GmbH & Co. KG Waffelfabrik

M

- Mars GmbH
- Max Weiss Lebkuchenfabrik Neu-Ulm GmbH

N

- Nürnberger Lebkuchen- und Dauerbackwarenfabrik ifri Schuhmann GmbH & Co. KG

O

- Feinbäckerei Otten GmbH & Co. KG

P

- Pahna Lebkuchen GmbH
- Pertzborn GmbH & Co.KG

Q

- Dr. Quendt KG

R

- RUHRTALER WAFFELFABRIK H. Jaspert GmbH & Co. KG

S

- Conrad Schulte GmbH & Co. KG Feingebäckfabrik
- Heinrich Schulze GmbH
- Schwermer Dietrich Stiel GmbH
- SPREEwaffel Berlin-Pankow GmbH
- Stenger Waffeln GmbH

W

- Max Weiss Lebkuchenfabrik Neu-Ulm GmbH
- Wetzel Karlsbader Oblaten- und Waffelfabrik
- Gottfried Wicklein GmbH & Co. KG Nürnberger Lebkuchen und Gebäckspezialitäten
- Wikana Keks und Nahrungsmittel GmbH
- Wilhelm Feyler - Bayer. Lebkuchen- und Feingebäckfabrik
- Wilhelm Gruyters GmbH & Co. KG
- Wilhelm Kinkartz GmbH & Co KG
- W. u. H. Küchle GmbH & Co.KG Oblatenfabrik
- Wurzener Dauerbackwaren GmbH

Z

- ZERTUS GmbH

Abbildung 23: Herstellerübersicht Backwaren, Teil 2

Quelle: Unternehmenshomepage BDSI[288]

---

288 Vgl. http://www.bdsi.de/de/mitglieder/mitgliederliste/mk_feine_backwaren/

Abbildung 24: Dachmarken Bahlsen und Leibniz

Quelle: Unternehmenshomepage[289]

Abbildung 25: Produktinnovation Bahlsen und Leibniz

Quelle: Unternehmenshomepage[290]

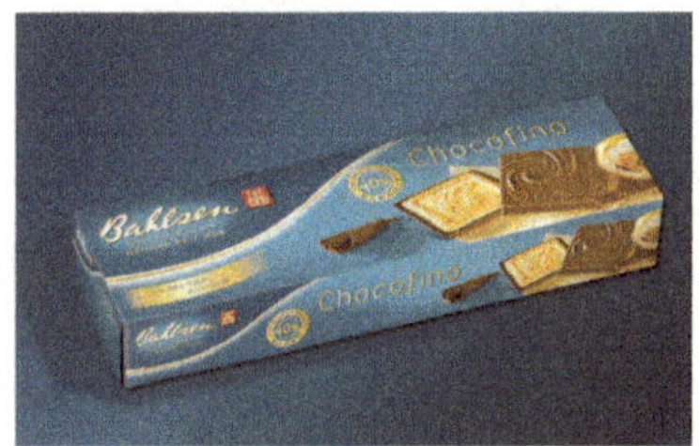

Abbildung 26: Genusspositionierung Bahlsen

Quelle: Unternehmenshomepage[291]

---

289 Vgl. http://www.bahlsen.com/chronik.pdf

290 Vgl. http://www.bahlsen.com/chronik.pdf

291 Vgl. http://www.bahlsen.com/chronik.pdf

Abbildung 27: Printwerbung der Marke Bahlsen

Quelle: Unternehmenshomepage [292]

Abbildung 28: Brandt Zwiebäcke

Quelle: Unternehmenshomepage[293]

---

292 Vgl.http://www.bahlsen.com/chronik.pdf

293 Vgl.http://www.brandt-gmbh.de/index.php?seid=3

Abbildung 29: Relaunch Coppenrath Feingebäck

Quelle: Unternehmenshomepage[294]

	Bezeichnung	Hersteller
	Bio Butter Spekulatius	Coppenrath Feingebäck GmbH
	Feiner Gewürzspekulatius	Coppenrath Feingebäck GmbH
	Choco Bistro Weizen Knusperlinge Schoko / Aldi Süd	Coppenrath Feingebäck GmbH
	Choco Bistro Weizen Knusperlinge / Aldi Süd	Coppenrath Feingebäck GmbH
	100 kcal Haselnuss Cookies	Coppenrath Feingebäck GmbH
	100 kcal Vanille Cookies	Coppenrath Feingebäck GmbH

Abbildung 30: Auszeichnung für Coppenrath Feingebäck

Quelle: Internetquelle[295]

Abbildung 31: Süßwarenmarken von Griesson - de Beukelaer

Quelle: Unternehmenshomepage[296]

---

294 Vgl. http://www.coppenrath-feingebaeck.de/

295 Vgl. http://www.dlg.org/428.html?lu=aHR0cDovL2lzb2FwcC5kbGcub3JnL3ZlcmJyYXVjaGVyL2JhY2t3YXJlbiFleGVjTGlzdC5kbw%3D%3D

296 Vgl. http://www.griesson-debeukelaer.de/start/

Vorteile	Nachteile
- Einfache Strategiebewertung möglich - Hohe Flexibilität bei der Auswahl und Gewichtung der Kriterien - Vielzahl von Anwendungsmöglichkeiten - Bewertungsvorgang transparent	- Subjektivität bei der Kriterienauswahl, Gewichtung und Beurteilung der Zielerreichung - Argument kann positive und negative Eigenschaften haben

Tabelle 17: Vor- und Nachteile des Punktwertmodells

Quelle: Eigene Darstellung. Zum Inhalt vgl. Nieschlag 2002, S.280

Abbildung 32: Verpackung Milky-Way-Hörnchen

Quelle: Unternehmenshomepage Kuchenmeister[297]

Praxisgespräch 1: Brainstorming mit einer Studentengruppe

Ergebnisse auf die Fragen:

a) Was fällt Euch zu Co-Branding und einem fruchtverarbeitenden Unternehmen ein?

---

297 Vgl. http://www.kuchenmeister.de/frameset/index.php?2,1

- Storck, Fruchtgummi
- Weihnachtsmarmelade: Gewürze und Marmeladen (Beispiel Fuchs Gewürze)
- Bäckereiketten: Toast und Konfitüren (Beispiel Golden Toast)
- Marmelade in Yoghurt (Eckbecher)
- Philadelphia: Die Hälfte der Verpackung Käse, die andere Hälfte Marmelade
- „Harte Schale, weicher Kern", Bonbons mit Marmelade
- Erdnussbutter mit Marmelade
- Kekse und Konfitüren (Bahlsen, Griesson - de Beukelaer, soll Marmelade nutzen)
- Kaugummies
- Eis
- Brot Sticks von Nutella auch für Konfitüren
- Scheibenkäse und Konfitüre

b) Welche starken Marken könntet Ihr Euch vorstellen, die Euch ansprechen, damit das Unternehmen für Euch als junge Zielgruppe interessant wird?

- Ferrero
- Philadelphia
- Müller Yoghurt (der mit der Ecke)
- Mars (Balisto und Müsli)
- Nesspresso und Marmelade
- Milka: Marmeladenschokolade
- Bofrost

Praxisgespräch 2: Brainstorming im privaten Umfeld der Autorin

Fragestellung: Welche starken Marken fallen Euch zum Thema Gebäck, süße Snacks etc. ein?

- Bahlsen
- De Beukelaer
- Mövenpick
- Coppenrath
- Coppenrath und Wiese
- Wasa, Kellogg
- Mars

- Brandt / Zwieback
- Kraft Food
- Nestlé
- Kuchenmeister
- Mövenpick
- Delacre
- Lorenz
- Ültje
- Barry-Callebaut
- XOX-Gebäck

Ende der Brainstormingergebnisse

Literaturverzeichnis

Bücher

Baumgarth, Carsten, Co-Branding, in: Bruhn, Manfred (Hrsg.), Handbuch Markenführung, 2.Auflage, Band1, Wiesbaden 2004a, S.235-260

Baumgarth, Carsten, Markenpolitik, 2.Auflage, Wiesbaden 2004

Baumgarth, Carsten, Markenpolitik, 3.Auflage, Wiesbaden 2008

Becker, Jochen, Marketingkonzeption, 2.Auflage, München 2002

Becker, Jochen, Marketingkonzeption, 8.Auflage, München 2006

Blackett, Tom, Russell, Nick, What is Co-Branding?, in: Blackett, Tom, Boad, Bob (Hrsg.), Co-Branding–The Science of Alliance, Houndmills, Basingstoke, Hampshire, London 1999, S.1-21

Boad, Bob, Co-Branding Opportunities and Benefits, in: Blackett, Tom, Boad, Bob (Hrsg.), Co-Branding–The Science of Alliance, Houndmills, Basingstoke, Hampshire, London 1999a, S.22-37

Boad, Bob, The Risks and Pitfalls of Co-Branding, in: Blackett, Tom, Baod, Bob (Hrsg.), Co-Branding–The Science of Alliance, Houndmills, Basingstoke, Hampshire, London 1999b, S.38-46

Bruhn, Manfred, Begriffsabgrenzungen und Erscheinungsformen von Marken, in: Bruhn, Manfred (Hrsg.), Die Marke, Symbolkraft eines Zeichensystems, Bern 2001

Bruhn, Manfred, Marketing, Grundlagen für Studium und Praxis, 9.Auflage, Wiesbaden 2009

Burmann, Christoph, Meffert, Heribert, Blinda, Lars, Markenevolutionsstrategien, in: Meffert, Heribert, Burmann, Christoph, Koers, Martin (Hrsg.), Markenmanagement, Identitätsorientierte Markenführung und praktische Umsetzung, 2.Auflage, Wiesbaden 2005, S.184-212

Burmann, Christoph, Meffert, Heribert, Wandel in der Markenführung–vom instrumentellen zum identitätsorientierten Markenverständnis, in: Markenmanagement, Identitätsorientierte Markenführung und praktische Umsetzung, 2.Auflage, Wiesbaden 2005a, S.20-36

Burmann, Christoph, Meffert, Heribert, Managementkonzept der Identitätsorientierten Markenführung in: Meffert, Heribert, Burmann, Christoph, Koers, Martin (Hrsg.), Markenmanagement, Identitätsorientierte Markenführung und praktische Umsetzung, 2.Auflage, Wiesbaden 2005b, S.73–114

Burmann, Christoph, Meffert, Heribert, Gestaltung von Markenarchitekturen, in: Meffert, Heribert, Burmann, Christoph, Koers, Martin (Hrsg.), Markenmanagement, Identitätsorientierte Markenführung und praktische Umsetzung, 2.Auflage, Wiesbaden 2005c, S.164-182

Burmann, Christoph, Meffert, Heribert, Koers, Martin, Stellenwert und Gegenstand des Markenmanagements, in: Markenmanagement, Identitätsorientierte Markenführung und praktische Umsetzung, 2.Auflage, Wiesbaden 2005, S.4-17

Dichtl, Erwin, Grundidee, Varianten und Funktionen der Markierung von Waren und Dienstleistungen, in: Dichtl, Erwin, Eggers, Walter, Marke und Markenartikel als Instrument des Wettbewerbs, München 1992, S.1-24

Esch, Franz-Rudolf, Strategie und Technik der Markenführung, 5.Auflage, München 2008

Esch, Franz-Rudolf, Fuchs, Markus, Bräutigam, Sören, Redler, Jörn, Konzeption und Umsetzung von Markenerweiterungen, in: Esch, Franz-Rudolf (Hrsg.), Moderne Markenführung, 3.Auflage, Wiesbaden 2001, S.755-791

Esch, Franz-Rudolf, Langner, Tobias, Branding als Grundlage zum Markenaufbau, in: Esch, Franz-Rudolf (Hrsg.), Moderne Markenführung, 3.Auflage, Wiesbaden 2001, S.437-450

Esch, Franz-Rudolf, Wicke, Andreas, Herausforderungen und Aufgaben des Markenmanagements, in: Esch, Franz-Rudolf (Hrsg.), Moderne Markenführung, 3.Auflage, Wiesbaden 2001, S.3-55

Freter, Hermann, Baumgarth, Carsten, Ingredient Branding–Begriff und theoretische Begründung, in: Esch, Franz-Rudolf, Moderne Markenführung, 3.Auflage, Wiesbaden 2001, S.317-343

Gaiser, Brigitte, Trittler, Sonja, Co-Branding, eine Alternative auch bei Lebensmittelmarken, in: Gaiser, Brigitte, Linxweiler, Richard, Brucker, Vincent, Praxisorientierte Markenführung, Neue Strategien, innovative Instrumente und aktuelle Fallstudien, 1.Auflage, Wiesbaden 2005, S.443-462

Geml, Richard, Geisbüsch, Hans-Georg, Lauer, Hermann, Das kleine Marketing-Lexikon, 2.aktualisierte Auflage, Düsseldorf 1999

Giudice, Elisabeth-M., Weblogs für Unternehmen, Einsatz und zielorientierte Bewertung, Marburg 2007

Haedrich, Günther, Tomczak, Torsten, Kaetzke, Philomela, Strategische Markenführung, 3.Auflage, St. Gallen 2003

Herbst, Dieter, Praxishandbuch Markenführung, 1.Auflage, Berlin 2005

Himmel, Wolfgang, Co-Branding–eine neue Strategie der Markenführung?, in: Drees, Norbert (Hrsg.), Kooperationen im Marketing, Erfurter Hefte zum angewandten Marketing, Heft 12, Erfurt 2002, S.23-35

Homburg, Christian, Krohmer, Harley, Produktpolitik, in: Homburg, Christian, Krohmer, Harley, Marketingmanagement, Strategie, Instrumente, Umsetzung, Unternehmensführung, 1.Auflage, Wiesbaden 2003, S.458–548

Huber, Jan-Alexander, Co-Branding als Strategieoption der Markenpolitik, Kaufverhalten bei Co-Brand-Produkten und negative Rückwirkungseffekte auf die Muttermarke, 1.Auflage, Wiesbaden 2005

Huber, Frank, Meyer, Frederik, Vogel, Johannes, Zimmermann, Julia, Co-Branding als Konzept zur Stärkung von Marken, eine empirische Analyse im Konsumgütermarkt, 1.Auflage, Köln 2009

Kaapke, Andreas, Handelsmarken, Fluch und Segen zugleich?, in: Gaiser, Brigitte, Linxweiler, Richard, Brucker, Vincent, Praxisorientierte Markenführung, Neue Strategien, innovative Instrumente und aktuelle Fallstudien, 1.Auflage, Wiesbaden 2005, S.143-154

Kiesow, Pamela, Co-Branding, Ziele, Chancen und Nutzen von Markenallianzen, Saarbrücken 2006

Kohli, Chiranjeev, LaBahn, Douglas W., Thakor, Mrugank, Prozess der Namensgebung, in: Esch, Franz-Rudolf, Moderne Markenführung, 3.Auflage, Wiesbaden 2001, S.453-474

Meffert, Heribert, Twardawa, Wolfgang, Wildner, Raimund, Aktuelle Trends im Verbraucherverhalten: Chance oder Bedrohung für die Markenartikel?, in: Köhler, Richard, Majer, Wolfgang, Wiezorek, Heinz, Erfolgsfaktor Marke, Neue Strategien des Markenmanagements, München 2001, S.1-21

Meffert, Heribert, Marketing, Grundlagen marktorientierter Unternehmensführung, 9.Auflage, Wiesbaden 2000

Meffert, Heribert, Strategien zur Profilierung von Marken, in: Dichtl, Erwin, Eggers, Walter, Marke und Markenartikel als Instrument des Wettbewerbs, München 1992, S.130-156

Naderer, Gabriele, Markenbewertung, Zum aktuellen Stand der Forschung, in: Gaiser, Brigitte, Linxweiler, Richard, Brucker, Vincent, Praxisorientierte Markenführung, Neue Strategien, innovative Instrumente und aktuelle Fallstudien, 1.Auflage, Wiesbaden 2005, S.159-174

Nieschlag, Robert, Dichtl, Erwin, Hörschgen, Hans, Marketing, 19.Auflage, Berlin 2002

Pförtsch, Waldemar, Müller, Indrajanot, Die Marke in der Marke, Bedeutung und Macht des Ingredient Branding, Berlin, Heidelberg 2006

Sattler, Henrik, Markentransferstrategien, in: Bruhn, Manfred, Handbuch Markenführung, 2.Auflage, München 2004, Band1, S.817-830

Sattler, Henrik, Völckner, Fransziska, Markenpolitik, 2.Auflage, Stuttgart 2007

Scharnowski, Frank, Co-Branding als Markenstrategie, Berlin 2006

Spengel, Andreas, Allianzen in der Markenführung, Ansatz zur Planung kooperativer Markenstrategien, 1.Auflage, Wiesbaden 2005

Fachzeitschriften

Kaufmann, Gwen, Wichert, Christine, Allessi greift mit WC-Stein ins Klo, in: Horizont Nr. 37 vom 14.09.2006, S.26. Im Internet unter: http://www.brainguide.at/data/publications/PDF/pub61387.pdf [10.01.2010]

Magerl, Sabine, Nimm zwei, Schokolinsen und Gummibärchen (...) setzten auf Co-Branding, denn gemeinsam fühlen sie sich stärker, in: Die Zeit 11.09.2003, Nr.38, o.S.

O.V., Bäckereizeitung Backbusiness, Ausgabe vom 13.Juni 2009

Pimpl, Roland, Ewige Rätsel um den Wert der Marke, in: 100 Jahre Deutscher Markenverband, Sonderpublikation, Frankfurt am Main 2003

Will, Birgit, Rendevouz mit Happy-End, in: Lebensmittel Zeitung Nr.25 vom 20.06.2003, S.70

Sonstige Quellen

Brainstormingergebnisse: Studentengruppe und privater Bereich

Internetquellen

Brück, Mario, Kekshersteller Bahlsen boykottiert Handelskonzerne,

http://www.wiwo.de/unternehmen-maerkte/kekshersteller-bahlsen-boykottiert-handelskonzerne-308162/ [15.12.2009]

Branchenbericht 2008 der Süßwarenindustrie,

http://www.ngg.net/branche_betrieb/suesswaren/branchen_info/bb_info_suess_lang.pdf [19.11.2009]

Bundesverband der deutschen Süßwarenindustrie,

http://www.bdsi.de/de/mitglieder/mitgliederliste/mk_feine_backwaren/ [05.12.2009]

http://www.bdsi.de/de/zahlen_fakten/feine_backwaren.html [05.12.2010]

O.V., Milka und Kellogg verschmelzen zu einer 300 Gramm-Tafel, http://2005.worldchocolatemasters.com/press_releases/pressrelease_3_76.pdf [03.10.2009]

O.V., Porsche und Adidas starten gemeinsame Premium-Sportmarke, in: Absatzwirtschaft vom 12.07.2005, http://www. absatzwirtschaft.de/Content/_pv/_p/1003002/_t/fthighlight/highlightkey/co-branding/_b/39665/default.aspx/porsche-und-adidas-starten-gemeinsame-premium-sportmarke.html [22.12.2009]

O.V., Machtmissbrauch, 1 Milliarde Euro Strafe gegen Chiphersteller Intel, http://www.welt.de/webwelt/article3730190/1-Milliarde-Euro-Strafe-gegen-Chiphersteller-Intel.html [05.01.2010]

O.V., Viele Handelsmarken ziehen mit Marken gleich, in: EUROFORUM-Jahrestagung Deutscher Handelsmarkenkongress, 28. und 29. Oktober 2009, http://www.innovations-reort.de/-html/berichte/veranstaltungen/viele_handelsmarken_ziehen_marken_gleich_138205.html [05.01.2010]

O.V., Griesson - de Beukelaer mit Premiumgebäck, Backwelt, Informationsportal der Backbranche, www.backwelt.de/newsview/items/news_arch_6583.html [19.11.2009]

O.V., Newsletter der Backwelt, Informationsportal der Backbranche ab 01.10.2009 bis Januar2010 und http://www.backwelt.de/-newsview/items/newsarch_6583html und http://www.back welt.de/newsview/items/news_arch_6583.html [01.12.2009]

O.V., Markt für feine Backwaren wächst moderat, in: Brot und Backwaren 3/2008, http://www.backwelt.de/archiv/items/article_arch_10119.html [14.12.2009]

O.V., Öko-Test prüft Bäckereiketten,

http://www.franchisestarter.de/news/newseinzelansicht/news/oeko-test-prueft-baeckerei-ketten/ [30.11.2009]

O.V., Giftiges vom Bäcker,

http://handwerk.com/service/archiv/giftiges_brot.htm [30.11.2009]

O.V., Definition Gebäck und Backwaren, Lebensmittellexikon,

http://www.lebensmittellexikon.de/g0000890.php [19.11.2009]

O.V., wer-zu-wem, Ferrero,

http://www.wer-zu-wem.de/firma/Ferrero.html [01.12.2009]

O.V., wer-zu-wem, Backfactory,

http://www.wer-zu-wem.de/firma/Back-Factory.html [01.12.2009]

Reich, Helmut, Angriff der Kaizen-Kekse, in: Managermagazin vom 22.07.2007,

http://www.manager-magazin.de/unternehmen/artikel/0,2828,467854,00.html [07.12.2009]

Röll, Sybille, Pressemitteilung vom 20.10.2004, Hannoversche Wirtschaftszeitung,

http://www.pressrelations.de/new/standard/result_main.cfm?pfach=1&n_firmanr_=113126 [12.12.2009]

Unternehmenshomepage Backfactory,

http://www.back-factory.de/impressum.php [01.12.2009]

Sonstige Informationen: http://www.franchise-net.de/franchise_franchising/Fuer-Existenzgruender/Franchise-Gruendungs-Know-How/Erfolgreiche-Franchise-Branchen/E12434.htm [01.12.2009]

Unternehmenshomepage Backwerk,

http://www.back-werk.de/ [01.12.2009]

Sonstige Informationen: http://www.back-werk.de/137-0-Qualitaet.html [01.12.2009]

Unternehmenshomepage Bahlsen,

http://www.bahlsen.de [07.12.2009]

Unternehmenschronik: http://www.bahlsen.com/chronik.pdf [05.12.2009]

Pressemitteilungen: http://www.bahlsen.com/unternehmen/ueber-uns/ [07.12.2009]

http://www.bahlsen.com/presse/pressemitteilungen/ [07.12.2009]

Unternehmenshomepage Barry Callebaut,

http://www.barry-callebaut.com/3885 [01.12.2009]

Unternehmenshomepage Brandt,

http://www.brandt-gmbh.de/ [22.12.2009]

Brandt erhält den Super Brand Award, http://www.brandt-gmbh.de/index.php?PHPSESSID=1mud89u2j7o5uieusds63q5m1bjg2hvh&seid=181 [28.12.2009]

Sonstige Unternehmensdaten: http://www.brandt-zwieback.de/index.php-HPSESSID=58ieedlbdbv10udd6up9abojc8sjlart&seid=140. [22.12.2009] http://www.brandt-gmbh.de/index.php?seid=134 [22.12.2009]

http://www.brandt-gmbh.de/index.php?seid=3 [22.12.2009]

http://www.brandt-gmbh.de/index.php?PHPSESSID=1mud89u2j7o5uieusds63q5m1bjg2hvh&seid=181 [22.12.2009]

http://www.brandt-zwieback.de/index.php?PHPSESSID=58ieedlbdbv10udd6up9abojc8sjlart [23.12.2009]

Unternehmenshomepage Continental Bakeries,

http://www.continentalbakeries.com/de/home/ [21.12.2009]

Sonstige Unternehmensdaten: http://www.continentalbakeries.com/de/uber-uns/profil/. [21.12.2009]

Unternehmenshomepage Coppenrath Feingebäck,

http://www.coppenrath-feingebaeck.de/ [22.12.2009]

Auszeichnungen des Unternehmens: http://www.dlg.org/428.html?lu=aHR0cDovL2lzb2FwcC5kbGcub3JnL3ZlcmJyYXVjaGVyL2JhY2t3YXJlbiFleGVjTGlzdC5kbw [05.12.2009]

Unternehmenshomepage Coppenrath und Wiese,

http://www.coppenrath-wiese.de/154.php [05.12.2009]

http://www.coppenrath-wiese.de/24.php [05.12.2009]

Unternehmenshomepage Delacre,

http://www.delacre.de/ [06.12.2009]

Unternehmenshomepage Ferrero,

http://www.ferrero.de [10.01.2010]

Unternehmenshomepage Griesson - de Beukelaer,

http://www.griesson-debeukelaer.de/

Prinzenrolle ist eine Marke des Jahrhunderts, http://www.griesson-beukelaer.de/pressecenter/pressemeldungen/2009/artikel/news/prinzen-rolle-ist-eine-marke-des-jahrhunderts/back/307/hash/175d676531/ [19.11.2009]

Preis der Besten in Gold für Griesson - de Beukelaer, http://www.griesson-de-beuklaer.de/pressecenter/presse meldungen/2009/artikel/news/preis-der-besten-in-gold-fuer-griesson-de-beukelaer/back/307/hash/f7cc90b0aa/ [19.11.2009]

DeBeukelaer als „Ausgezeichnetes Lebensmittel" prämiert: Life Care Food Award für "Zeit der Verführung", 24.09.2009, http://www.griesson-debeukelaer.de/pressecenter/pressemeldungen/2009/artikel/news/debeukelaer-als-ausgezeichnetes-lebensmittelpraemiert/back/307/hash/7a2967bbad/pointer/1/ [19.11.2009]

Auszeichnung:
http://www.griesson - debeuklaer.de/qualitaet/qualitaetsanspruch/auszeichnungen/[19.11.2009]

Zertifizierung:
http://www.griesson-debeukelaer.de/qualitaet/qualitaetsanspruch/zertifizierungen/ [19.11.2009]

Sonstige Unternehmensdaten:
http://www.griesson-debeukelaer.de/unternehmen/zahlen-daten-fakten/top-10-suessgebaeckhersteller/ [19.11.2009]

Pro-Kopf-Verbrauch von Süßwaren, http://www.griesson-debeukelaer.de/unternehmen/zahlen-daten-fakten/pro-kopf-verbrauch [19.11.2009]

Unternehmenshomepage Häagen-Dazs,

http://www.haagen-dazs.de/index.asp?deepPage=products &prodID=16 [03.10.2009]

Unternehmenshomepage Kraft Food,

http://www.kraftfoods.de/kraft/page?PagecRef=1

Sonstige Informationen:

Zwei neue Milka 300 Gramm Tafeln,
http://www.kraftfoods.de/kraft/page?siteid=kraft-prd&locale=dede1&PagecRef=2736&Mid= [03.10.2009]

Unternehmenshomepage Krombacher,

Bildmaterial Regenwaldprojekt:
http://www.krombacher.de/regenwald/projekt/news_solaran_lage.php [10.01.2010]

Unternehmenshomepage Kuchenmeister,

http://www.kuchenmeister.de/

Sonstige Informationen: http://www.kuchenmeister.de/frameset/index.php?2,1 [01.11.2009]

Unternehmenshomepage Lambertz,

http://www.lambertz.de/ [19.12.2009]

Sonstige Unternehmensdaten: http://www.lambertz.de/index.php?option=com_content&view=article&id=64&Itemid=74&lang=de [19.11.2009]

Unternehmenshomepage Lorenz,

http://www.lorenz-snackworld.de/content/de/001startseite.php [01.11.2009]

Unternehmenshomepage Mars,

http://rd.mars.com/Germany/de/Our+brands/Chocolate.htm [10.01.2010]

Unternehmenshomepage Nestlé,

Bildmaterial Fruity Smarties: http://www.nestle-chokowelt.at/Smarties/Fruity+SMARTIES.htm [10.01.2010]

Unternehmenshomepage Schulte Feingebäck,

http://www.schulte-feingebaeck.de/ [05.12.2009]

Unternehmenshomepage Ültje,

http://www.ueltje.de/unternehmen/das-unternehmen-ueltje [06.12.2009]

Unternehmenshomepage Wasa,

http://www.wasa.com/de/aktuelles/ [06.12.2009]

Unternehmenshomepage XOX,

http://www.xox-group.com/[05.12.2009]

Zeitfracht Medien GmbH
Ferdinand-Jühlke-Straße 7
99095 Erfurt, Deutschland
produktsicherheit@kolibri360.de